I0801677

MAX GUNTHER

EL FACTOR SUERTE

Por qué algunas personas son
más afortunadas que otras
y cómo convertirte en una de ellas

DIANA

Título original: *The Luck Factor*

© 1977, Max Gunther

Publicado por primera vez en 1977. Publicado por Harriman House en 2009, reimpreso en 2012. Esta nueva edición de Harriman House Classics se publicó por primera vez en 2020, www.harriman-house.com

Traducción: Carlos Díaz

Diseño de portada: Planeta Arte & Diseño / Estudio la fe ciega, Domingo Martínez
Diseño de interiores: Víctor Santacruz
Fotografía del autor: Cortesía de Harriman House

Derechos reservados

© 2022, Editorial Planeta Mexicana, S.A. de C.V.
Bajo el sello editorial DIANA M.R.
Avenida Presidente Masarik núm. 111,
Piso 2, Polanco V Sección, Miguel Hidalgo
C.P. 11560, Ciudad de México
www.planetadelibros.com.mx

Primera edición en formato epub: abril de 2022
ISBN: 978-607-07-8538-2

Primera edición impresa en México: abril de 2022
ISBN: 978-607-07-8506-1

Max Gunther declara ser el autor y afirma ostentar los derechos de la presente obra, de conformidad con la Ley de Derechos de Autor, Diseños y Patentes de 1988.

Si bien se ha hecho todo lo posible para garantizar que la información de este libro sea precisa, no se puede aceptar ninguna responsabilidad por cualquier pérdida sufrida de cualquier manera de cualquier persona que se base únicamente en la información contenida en este documento.

Ninguna responsabilidad por la pérdida ocasionada a cualquier persona o a alguna entidad corporativa que actúe o se abstenga de actuar como resultado de la lectura del material de este libro puede ser aceptada por el editor o por el patrimonio del autor.

No se permite la reproducción total o parcial de este libro ni su incorporación a un sistema informático, ni su transmisión en cualquier forma o por cualquier medio, sea este electrónico, mecánico, por fotocopia, por grabación u otros métodos, sin el permiso previo y por escrito de los titulares del *copyright*.

La infracción de los derechos mencionados puede ser constitutiva de delito contra la propiedad intelectual (Arts. 229 y siguientes de la Ley Federal de Derechos de Autor y Arts. 424 y siguientes del Código Penal).

Si necesita fotocopiar o escanear algún fragmento de esta obra diríjase al CeMPro (Centro Mexicano de Protección y Fomento de los Derechos de Autor, http://www.cempro.org.mx).

Impreso en los talleres de Litográfica Ingramex, S.A. de C.V.
Centeno núm. 162-1, colonia Granjas Esmeralda, Ciudad de México
Impreso y hecho en México - *Printed and made in Mexico*

Para Dorothy, mi mayor golpe de suerte.

ÍNDICE

PRÓLOGO DE GAUTAM BAID

«LA SUERTE ES EL SUPERPODER MÁS GRANDE».

STAN LEE

¿Qué se necesita para tener éxito? ¿Cuáles son los secretos de las personas más exitosas? A juzgar por la popularidad de revistas como *Success*, *Forbes* y *Entrepreneur*, el interés en estas preguntas es significativo. Suponemos que podemos aprender de la gente exitosa porque tienen ciertas características personales —talento, habilidad, trabajo duro, tenacidad, optimismo, una mentalidad enfocada al crecimiento, inteligencia emocional— que los llevaron a donde están hoy.

Pero ¿es correcta esta suposición?

El papel de la suerte se mantiene oculto porque apuntamos los reflectores al éxito sobresaliente; el fracaso está por todas partes, pero no se ve ni se le hace publicidad. Jennifer Aniston y Sandra Bullock trabajaron como meseras antes de convertirse en estrellas de cine. El resto de meseros y meseras en Los Ángeles probablemente nunca fueron llamados a un *casting*. Por cada Mark Zuckerberg, miles de emprendedores y empleados tecnológicos tienen poco de qué presumir luego de décadas de esfuerzo.

Es probable que conozcas a alguien que «siempre» tiene suerte: ese amigo o colega que siempre parece conocer gente interesante, al que le cayó una oferta maravillosa por su casa, y que consiguió el empleo de sus sueños con un esfuerzo mínimo. A ti nunca te pasan cosas así. ¿Suena familiar?

¿Es cierto que algunas personas tienen más suerte en la vida que otras? Y de ser el caso, ¿hay algún modo de que te vuelvas una persona más afortunada?

La respuesta es: sí.

Puedes incrementar tu potencial para atraer la buena suerte tomando acción y las medidas apropiadas. Muchos piensan que la gente exitosa simplemente nace con suerte. Sin embargo, en *El factor suerte*, Max Gunther muestra cómo algunas personas se vuelven más afortunadas que otras al ajustar sus vidas a ciertos patrones característicos.

Estas personas tienden a posicionarse en la ruta de la suerte que está por llegar. Tienden a ir a donde los eventos se mueven más rápido y donde pueden encontrar su golpe de suerte. Se aventuran en múltiples empresas con características de poco riesgo y altos dividendos. Se rodean de gente más inteligente y sabia. Al perseguir sus metas, siempre dejan espacio para la serendipia. No desdeñan la importancia de los descubrimientos accidentales (por ejemplo, eventos, fiestas, reuniones, conferencias y sucesos azarosos), y mantienen la mente abierta a todas las posibilidades. Corren riesgos calculados. Se apegan a sus convicciones iniciales, pero no cuando toda esperanza está perdida. Creen en el aforismo «Convicciones firmes, precariamente sustentadas».

En resumen, se mueven con la vida, no contra ella.

Como resultado, las personas afortunadas son capaces de sacar ventaja de los golpes positivos de la vida, al mismo tiempo que minimizan los efectos de los golpes negativos. Lo segundo es particularmente vital. Es más importante aprender a evitar la mala suerte que solo buscar la buena; de hecho, la buena fortuna puede llegar con tan solo minimizar la mala. Como lo dijo Charlie Munger de forma acertada: «Lo único que quiero saber es dónde voy a morir, para nunca ir ahí».

Necesitas una combinación de optimismo precavido, atemperado con un poco de pesimismo, para atraer la buena fortuna. Al usar las prácticas de este libro mejorarás tus posibilidades de tener suerte y, más importante aún, aprenderás a ver dónde puede estar acechando la mala fortuna.

Tal vez tengas todas las oportunidades del mundo, pero sin la preparación necesaria, será difícil que las aproveches. El filósofo romano Séneca tenía razón, la suerte no solo es cuestión de «tener suerte». La suerte es lo que ocurre cuando la preparación se encuentra con la oportunidad. No se trata únicamente del lugar correcto en el momento correcto, sino también de estar abierto y preparado para las nuevas oportunidades.

El famoso psicólogo Richard Wiseman estudió las vidas de 400 personas a lo largo de diez años en busca de cualquier golpe de suerte o encuentro azaroso —bueno o malo— que encontraran en el camino. Descubrió que algunas personas son propensas a tener una peor suerte que otras, pero es posible crear tu propia buena suerte si te apegas a ciertos principios:

Las personas afortunadas generan buena fortuna mediante cuatro principios básicos. Tienen la habilidad de crear y notar oportunidades que da la suerte, toman decisiones afortunadas porque escuchan su intuición, crean profecías que se autocumplen mediante expectativas positivas, y adoptan una actitud resiliente que transforma la mala suerte en buena suerte.

Todos tenemos la oportunidad de ser afortunados porque —más allá de salud y sustento— la suerte simplemente se reduce a una serie de elecciones. Si vives en una sociedad libre, tienes suerte. La suerte te rodea todos los días; constantemente te ocurren cosas afortunadas, ya sea que te des cuenta o no.

La gente afortunada tiende a ser optimista por naturaleza: *esperan* que les ocurran cosas buenas. Asimismo, la gente optimista es más afortunada porque, de hecho, creer en un buen resultado incrementa las posibilidades de que ocurra. Tienes más probabilidades de perseverar y ser resiliente cuando adoptas una actitud positiva respecto a algo.

A fin de cuentas, la gente afortunada es aquella que reconoce lo afortunada que es y siente gratitud por lo que tiene. Si quieres sentirte bendecido, tan solo cuenta todos los dones que tienes y que el dinero no puede comprar. Según lo veo yo, esta autocomprensión es el paso más importante para ser afortunado. Tal vez no te vaya bien en tu trabajo o con tus inversiones, pero si tienes una familia amorosa y buena salud, vale la pena agradecer por tener algunas de las cosas más preciadas en la vida.

Las obras de Max Gunther fueron la inspiración original para el capítulo sobre la suerte, serendipia y aleatoriedad de mi propio libro. Estoy seguro de que los lectores disfrutarán al aprender de la nueva edición de este texto clásico tanto como yo.

GAUTAM BAID

Autor de *The Joys of Compounding*

Salt Lake City, Estados Unidos

LA BÚSQUEDA

PREPÁRATE PARA UN VIAJE EXTRAÑO

Estamos a punto de explorar un lugar en el que pocos han incursionado antes: el territorio de la suerte. No se ha explorado principalmente porque muchos hombres y mujeres creen que es inexplorable, que no es un área que puedan comprender. La palabra *suerte*, desde este punto de vista, es tan solo el nombre que damos a los eventos incontrolados e incontrolables que entran y salen de golpe de nuestras vidas. Muchos dirían que no tenemos más posibilidades de mapear estos eventos que de cartografiar las olas de un océano enfurecido. Ordenarlo, medir su atemorizante geometría: tal empresa parece condenada al fracaso.

Pero descubrirás, antes de llegar al final de esta aventura, que tu suerte no es algo tan indómito como supones. Dentro de ciertos límites, pero de forma perfectamente real, puedes influir sobre ella.

Se puede comprender.

Se puede manejar de forma racional.

Para manejarla —para mejorar las probabilidades a favor de la buena suerte y reducir las probabilidades de la mala— necesitarás hacer algunos cambios, algunos quizá bastante profundos, tanto en tu interior como a tu alrededor. Estos cambios se entrelazan y complementan entre sí. Juntos, forman lo que llamo el *ajuste de la suerte*.

La teoría del ajuste de la suerte se basa en observaciones de personas consistentemente afortunadas en comparación con personas consistentemente desafortunadas; cientos de observaciones, a lo largo de más de dos décadas. Resulta que los afortunados exhiben cinco características importantes que, en los desafortunados, están apagadas al punto de ser inefectivas o desaparecer. Sondearemos estas cinco características con cuidado para ver de qué están hechas y cómo funcionan.

De manera breve, son:

1. *La estructura de telaraña*. La gente afortunada la usa para crear canales personales por los cuales puede fluir la buena suerte.
2. *La habilidad para las corazonadas*. Los hombres y las mujeres afortunados, ya sea de forma instintiva o consciente, están al tanto de que es posible percibir más de lo que se ve.
3. *El fenómeno «audentes fortuna iuvat»*.[1] Por lo general, la vida afortunada transcurre en zigzag, no en línea recta.
4. *El efecto «trinquete»*. Los afortunados lo usan de manera instintiva para prevenir que la mala suerte se convierta en peor suerte.

[1] Del latín, «La fortuna sonríe a los audaces».

5. *La paradoja del pesimismo.* La etiqueta «despreocupado» es muy engañosa, pues no se ajusta a la mayoría de aquellos cuyas vidas han sido objetivamente afortunadas. Por el contrario, la gente afortunada cultiva un pesimismo duro y oscuro como un artículo esencial en su equipo de supervivencia.

Cada una de estas actitudes hacia la vida y hacia uno mismo está acompañada de actitudes secundarias y reglas consecuentes. Muchas de ellas me sorprendieron y desconcertaron cuando comencé a darme cuenta de su existencia, y es probable que también te sorprendan. Por ejemplo, aprenderás que muchos de los consejos viejos y enmohecidos sobre ética laboral son, de hecho, recetas para la mala suerte. Y que una sola palabra, *imprudencia*, puede causarte mucho daño si se lo permites. Y que una superstición muy arraigada, si es que la tienes, puede no solo ser inocua sino incluso ser tangiblemente útil. Y hay más...

Pero ya llegaremos a ello cuando sea tiempo. Ahora estamos listos para partir. Trae contigo tu escepticismo, pero también tu disposición a escuchar. Mantén tu mente alerta y tus ojos bien abiertos. Buena suerte.

MAX GUNTHER

1977

PRIMERA PARTE

LOS GOLPES

CAPÍTULO 1

LOS BENDITOS Y LOS MALDITOS

Algunas personas son más afortunadas que otras. Esa es una frase con la que pocos estarían en desacuerdo. Pero es como la sopa al inicio de una comida: por sí misma no satisface. Debe seguirle algo más, y es entonces cuando comienzan las discusiones.

¿*Por qué* algunas personas son más afortunadas que otras? Esta es una pregunta de enormes proporciones, pues explora las convicciones fundamentales de las personas respecto a sí mismas, sus vidas y sus destinos. No hay un acuerdo sobre esta interrogante, nunca lo ha habido y quizá nunca lo habrá. Algunos piensan que saben las razones para la buena y la mala suerte. Otros están de acuerdo en que debe haberlas, pero dudan que sea posible conocerlas. Y otros más dudan siquiera que haya razones.

Así, el debate comienza.

Eric Leek, barbero y estilista, ha pensado mucho respecto a la suerte en meses recientes, pues esta llegó a su vida sin proponérselo y alteró de forma radical su curso. Ansioso por escuchar su filosofía, lo busco en su casa en North Arlington, Nueva Jersey. Tengo una dirección, pero no creo que sea la correcta. Se trata de un edificio de departamentos sin elevador ubicado sobre algunas tiendas en una calle vieja y decadente. Junto a una farmacia, encuentro una puerta desvencijada y sin señalar que, supongo, es la dirección de Eric Leek. El buzón metálico abollado en el pasillo no tiene nombre. Al subir unas escaleras de madera rechinante, encuentro otra puerta sin número. Con la esperanza de estar en el lugar correcto, la toco.

Eric Leek me permite entrar. Es un hombre alto, delgado y guapo de 26 años, de cabello café claro y bigote. El departamento es viejo pero está bien cuidado. Leek me presenta a su amiga Tillie Caldas, quien insiste en traerme una botella de cerveza porque, según dice, le incomoda ver a un invitado sentado sin nada en la mano. El tercer miembro del hogar es un gato pequeño y amistoso de pelaje naranja y blanco, el cual me presentan como Keel: Leek escrito al revés. Eric Leek menciona que su nombre completo escrito al revés es Cire Keel, y que cree que hubo un hechicero medieval con ese nombre. Piensa que es posible que él sea la reencarnación de Cire Keel.

Pasamos al tema de la suerte.

—Me preocupa hablar sobre la suerte —dice Leek—, porque cuando lo hago, algunas personas piensan que soy raro. Mi opinión al respecto es principalmente religiosa, o mística, si lo prefieres. Creo que la buena suerte llega a la gente que está lista para ella y que la usará de manera desinteresada para ayudar a otros. No creo que llegue con frecuencia a los codiciosos.

Como regla general, la gente más codiciosa que conozco también es la más desafortunada.

Leek tendrá una amplia oportunidad en los años siguientes para demostrar su sinceridad. El 27 de enero de 1976, este joven desconocido se volvió sorprendentemente rico de la noche a la mañana. Se ganó una lotería especial por el año del bicentenario realizada por el estado de Nueva Jersey, y su premio fue el más jugoso jamás entregado en cualquier lotería en la historia de la nación: 1776 dólares a la semana, o poco más de 92000 dólares al año, de por vida. Él y sus herederos, si es que muere antes de forma inesperada, tienen garantizados un total de al menos 1.8 millones de dólares.

Su boleto ganador, que le costó un dólar, fue uno entre 63 millones en el sorteo.

—Sé cuál es la pregunta —continúa—, la pregunta es ¿por qué ganó ese boleto? De toda esa gente, ¿por qué yo? No creo que solo se haya tratado de algo que ocurrió al azar. Hay una razón para todo lo que ocurre, incluso si no siempre podemos verla. Hay patrones… hay algo que guía nuestras vidas.

Dice que siempre ha tenido suerte.

—Nunca me he preocupado mucho por el futuro porque, para mí, siempre parecía encargarse de sí mismo. Es una de las razones por las que nunca he «sentado cabeza», como dicen.

A lo largo de su vida ha sido cantante y actor (algo que se ve en su forma suave y precisa de hablar), conductor de taxis, albañil y barbero.

—Siempre tuve un fuerte presentimiento de que un gran cambio ocurriría en mi vida más o menos a esta edad. No tenía prisa por encontrarme a mí mismo porque sabía que pasaría algo que lo cambiaría todo, y de ese cambio surgiría la orientación.

—¿Sentías que sabías el futuro? —pregunto.

—De un modo vago, sí. Tillie y yo somos semiclarividentes.

—Es cierto —interviene Tillie—. Unas semanas antes de que todo esto ocurriera, soñé que estaba con un hombre de cabello claro que se ganaba una cantidad fantástica de dinero. Pero es gracioso: al principio no conecté el sueño con Eric. Eso pasó después. Justo antes del sorteo, de pronto descubrí que estaba segura de que ganaría.

—Al final, yo también estaba seguro —dice Leek.

Él rememora que la aventura comenzó sin una pista premonitoria de su desenlace.

—En realidad no pensé en la posibilidad de ganar nada. Las ganancias de la lotería se entregarían a un fondo de educación estatal, y compré los boletos porque me pareció una buena causa. Creo que compré unos cuarenta en el transcurso de varios meses, siempre que tenía un dólar de sobra. La lotería estaba organizada de modo que 45 finalistas fueran elegidos para el gran sorteo. Un día leí en el periódico que los nombres de los finalistas se anunciarían al día siguiente, y le dije a un amigo «Mi nombre estará en esa lista». Fue un chiste pero no fue broma, si es que eso tiene sentido. De cierta forma pensé que era verdad. Y desde luego, lo fue.

Entonces, el número 10 entró a la historia. Leek considera que el 10 es su número de la suerte.

—Nací a la décima hora del décimo día del décimo mes. La mayoría de las cosas buenas que me pasan tienen un diez en alguna parte. Por ejemplo, conocí a Tillie un día diez.

En el día del sorteo final de la lotería, había un buen augurio: 27 de enero. Los tres dígitos de esa fecha, 27/1, suman 10. Otro augurio numérico apareció durante el sorteo mismo. Este se llevó a cabo en un auditorio universitario con la mayoría de los finalistas presentes. Fue un procedimiento teatral y complicado, que se alargó deliberadamente para incrementar el suspenso. En una de las etapas de este largo proceso, el nombre de Leek llegó a la «posición» marcada con el número 10. Dice que en ese momento supo que ganaría.

¿Qué hará con el dinero? De momento su plan más importante es abrir un centro juvenil en North Arlington.

—Para evitar que los niños se metan en problemas. Verás, mi buena suerte se va a convertir en la buena fortuna de algunos niños que todavía no conozco.

¿Siente él que seguirá siendo afortunado? De momento, sí. Poco después del sorteo, llevó a Tillie a Acapulco y, sin saberlo, el hotel le asignó la habitación que él podría haber pedido: 1010. Al volver a Nueva Jersey unas semanas después, asistió a una reunión del sindicato de barberos. Ya que para entonces Leek era una estrella local, le pidieron que sacara el nombre del ganador de una urna colocada sobre su cabeza. El nombre que sacó fue el suyo.

Jeanette Mallinson es una mecanógrafa desempleada de unos 30 años y pico, con ligero sobrepeso pero atractiva. Tiene cabello castaño y ojos azules. Nos encontramos en la barra del comedor de una farmacia en Washington, D. C. Junto a su taza de café hay un periódico en el que ha estado estudiando los anuncios de empleo.

—Al parecer siempre termino desempleada —comenta, aunque no hay un dejo de autocompasión en su voz. Por el contrario, parece extrañamente alegre.

—Una vez leí algo que escribió un psicólogo: decía que las personas hacen su propia mala suerte. Pero en mi caso eso no es verdad. Al menos no es toda la verdad. He tenido mucha mala suerte en mi vida, más de la que me corresponde, creo. Cuando digo «mala suerte», me refiero a cosas más allá de mi control. Pienso que es el destino. Algunas personas son elegidas para tener mala suerte por un tiempo, pero no tiene que durar para siempre. En mi caso, las cosas mejorarán el próximo año; y el año posterior a ese, por fin, todo saldrá de maravilla.

—¿Cómo lo sabes?

—Mi horóscopo lo dice. Quizá te suene a superstición, pero escucha, cuando has tenido tan mala suerte como yo, comienzas a preguntarte de qué se trata todo esto. Intenté averiguarlo en la religión, pero no me dio buenas respuestas. Al final, una amiga hizo que me interesara en la astrología, y quedé sorprendida de lo precisa que es. Verás, mi signo zodiacal es escorpio, pero tengo a Saturno y Marte en los lugares equivocados y muchos otros problemas. Casi cuarenta años de problemas desde el día en que nací. Pero ya casi se acaba, así que en vez de preocuparme respecto a este año, espero con ansias el siguiente. Saldré a flote de algún modo este año. Siempre salgo a flote...

Dice que la primera pieza importante de mala suerte que puede recordar la golpeó, literalmente, cuando era niña en Maryland. Alguien intentó encender con gasolina una fogata para un picnic, y por el estallido resultante, su mejilla izquierda resultó con una quemadura grave. La piel dañada ya ha sido reemplazada mediante cirugía plástica, y los únicos rastros visibles son unas pequeñas cicatrices.

—Pero la cirugía plástica no era tan avanzada cuando era niña, y de todas maneras mis padres no tenían el dinero necesario. Así que viví mi adolescencia con este enorme parche rojo y feo en mi mejilla. Tú sabes lo sensible que es una chica adolescente. El parche no me desfiguraba tanto, pero pensaba que era horrible de ver. Me quedaba sola en casa, no salía a citas ni nada. Me volví una ermitaña. Dicen que el carácter hace la suerte, pero conmigo fue lo contrario. El destino formó mi carácter. Esa mejilla quemada me volvió solitaria, demasiado tímida para ver a alguien a la cara.

Al terminar la preparatoria, Jeanette se mudó a Washington y comenzó a trabajar como funcionaria de gobierno.

—En toda mi vida, jamás he mantenido un trabajo por más de tres años. Siempre pasa algo por lo que me echan. Tal vez algunos de los problemas fueron en parte por mi causa, pero... bueno, veamos mi primer trabajo. Alguien robó un montón de dinero de la caja chica. ¿A quién acusaron? A mí, por supuesto. Solo fue por mala suerte que alguien me viera volver a la oficina fuera del horario laboral. Regresé por un champú que había comprado y olvidado en el cajón de mi escritorio, pero les pareció que me había escabullido para robar algo de dinero. Así es mi vida. O veamos mi último trabajo, la razón por la que estoy viendo anuncios de empleo en este momento. Me iba bien y ¿qué pasa? Que el gerente de la oficina renuncia, y la nueva persona a la que contratan es una completa bruja. No le agrada a nadie y el sentimiento es mutuo, pero por alguna razón me convierte en su blanco principal. No sé por qué. Lo he repasado una y otra vez en mi mente y honestamente no puedo pensar en nada que yo haya dicho o hecho para que me considerara su enemiga. Solo fue una de esas cosas que pasan, dos personalidades que sacan chispas, pura mala suerte. En fin, hizo las cosas tan insoportables para mí que debía renunciar o terminaría en un hospital psiquiátrico.

Jeanette ha tenido muchas relaciones con hombres y todas han terminado mal. Se casó a los 22 años. Luego de tres años, su esposo la abandonó, dejándola con dos niños pequeños. Luego conoció a otro hombre, Gene. A ella le pareció que era el correcto, una relación perfecta. En vez de apartarse, quedó encantado por sus dos hijos y quería casarse con ella. Una semana antes de la fecha de la boda, su madre enfermó de gravedad y Jeanette tuvo que posponer todos sus planes para hacerse cargo de la anciana por varios meses. Con el tiempo, quedó claro que la madre quedaría inválida por el resto de su vida y necesitaría vivir con Jeanette o en un asilo de ancianos. La perspectiva de vivir con la madre de Jeanette o tener que cubrir las cuotas del asilo pareció enfriar el entusiasmo de Gene. Jeanette habló con él respecto al problema por varias semanas y le ayudó a apuntalar su decaído entusiasmo. Él comenzó a hablar de reprogramar la boda.

Entonces, cayó otro golpe. Uno de los hijos de Jeanette colapsó en la escuela. Descubrieron que era epiléptico. La epilepsia era de un tipo difícil de tratar y requería visitas frecuentes al médico y medicamentos costosos. Gene se esfumó silenciosamente.

—Mi otro hijo tiene asma —dice Jeanette con total naturalidad, como si el hecho fuera obvio e inexorable.

»En este momento estoy atrasada seis meses con las cuentas del médico y las medicinas, y dos meses con la renta del departamento. Tenía un televisor, pero lo embargaron el mes pasado… —suspira—. Bueno, algunas personas tienen golpes de suerte y otras no. Todo lo que puedes hacer es esperar a que pasen los malos tiempos. Si las estrellas no se alinean para ti, no hay forma de pelear contra ello».

Sherlock Feldman, apostador profesional. Hasta antes de su reciente muerte, Feldman era un dedicado estudiante de la suerte —o, más precisamente, de las teorías de otras personas respecto a la suerte— y un cronista entusiasta de los excéntricos de la fortuna. Era gerente de casino en el Dunes, uno de los clubes de apuestas más famosos de Las Vegas. Pasaba sus días y noches —en su mayoría noches— observando a la gente jugar con la esencia destilada de la suerte, gente que prefería apostar antes que dormir.

Todo sobre Sherlock Feldman era grande: su barriga, su nariz, sus lentes de montura negra, su sonrisa, su pasión por la vida. Su tolerancia también era grande. Escuchaba con paciencia y simpatía las opiniones de los demás respecto a la suerte y absorbía todas las teorías; y, cuando le pareció correcto formular la suya, lo hizo desapasionadamente.

—Si me preguntas qué es la suerte —me dijo alguna vez—, te diré que no lo sé. La gente viene con tréboles de cuatro hojas, cartas astrológicas, números de la suerte. Quieren controlar su fortuna con estos artilugios. Quizá los números de la suerte sí funcionan para algunas personas, y tal vez esa es una definición de suerte: ser el tipo de persona para quien funcionan los números de la suerte. Pero para mí, la suerte nunca ha sido nada más que cosas que ocurren de forma aleatoria.

No obstante, Feldman tenía historias extrañas para contar; anécdotas que, como él mismo admitía sin tapujos, no podía explicar de manera adecuada. Algunas de sus favoritas tenían que ver con lo que él llamaba «perdedores natos». Reconocía que esta frase parecía contradecir su propia filosofía.

—Si la suerte es aleatoria, todos deberíamos tener más o menos porciones iguales de golpes de buena y mala suerte.

No debería *haber* perdedores natos, no si hablamos de suerte aleatoria pura, como en la ruleta. Pero hay gente que gana con frecuencia, gente que a largo plazo queda tablas, y gente que nunca gana. ¿Por qué? Si algún día lo averiguas, dímelo.

Feldman vagaba por el casino cierta noche cuando su ojo vigilante fue atraído por un hombre que no parecía pertenecer ahí.

—Era un tipo pequeño, quizá de 45 o 50 años, con una mirada triste en el rostro. Vestía una camisa sport, pero no dejaba de ponerse la mano al cuello, como si estuviera acostumbrado a llevar corbata. Estaba de pie, solo, mirando a un montón de gente jugar a la ruleta. Me acerqué a saludarlo. No pensé que planeara robar el lugar ni nada, pero en este negocio tienes que ser curioso respecto a las personas, ¿sabes?

El hombre pareció complacido de que alguien quisiera hablar con él. Ambos charlaron por un rato. Le dijo que se dedicaba a la mercería en un pequeño pueblo del Medio Oeste. Su esposa y él viajaban por el suroeste en unas vacaciones de dos semanas. Ella había ido a ver un espectáculo con una amiga esa noche y él se encontraba solo.

—Pensé en pasar por aquí y echar un vistazo —dijo—. Nunca podría volver a dar la cara en casa si la gente supiera que vine a Las Vegas y no visité un casino.

—Hay lugar en la mesa si quieres probar tu suerte —le indicó Feldman.

—Oh, por Dios, no. No necesito probar mi suerte porque ya sé que es mala. Nunca he ganado nada en mi vida, ni siquiera un volado. Soy un seguro perdedor.

Feldman asintió amistosamente y comenzó a marcharse. Justo entonces el triste hombre notó que alguien había tirado un billete de cinco dólares bajo la mesa. Se asomó entre la multitud y le gritó al croupier:

—¡Hay uno de cinco abajo!

Entre el ruido y la confusión, el croupier entendió mal. Pensó que el mercero estaba apostando «cinco al cuatro». El croupier puso una ficha de 5 dólares en el número cuatro, la rueda giró y la pequeña bola de marfil cayó sobre la caseta «4». La ficha del mercero había ganado 175 dólares.

El croupier empujó la pila de fichas por la mesa. Anonadado, el hombre triste no movió la pila de donde estaba: el cuadro marcado como «rojo». La rueda volvió a girar. Ganó el rojo. Los 175 se duplicaron a 350.

Feldman levantó el billete de 5 dólares del piso y se lo devolvió a una jugadora que lo había perdido. Después dio una palmada en la espalda al mercero y dijo:

—Parece que tu suerte no es tan mala después de todo.

—¡No puedo creerlo! —respondió el hombre— Nunca me había pasado algo así. Nunca gano. Si hay 50% de probabilidades de perder un juego, conmigo sube a 100%. Cuando jugaba al póker con mis amigos en casa, me llamaban el «Viejo Flujo de Efectivo» porque siempre terminaba por financiar el juego.

—Bueno, pues esta noche es tu noche —dijo Feldman—. Parece que tu suerte por fin ha cambiado. ¿Por qué no la dejas andar?

El mercero lo hizo. Terminó ganando. Al final, su pila de fichas valía más de 5000 dólares, y la tensión fue más de la que podía soportar. Decidió tomar el efectivo e irse.

Pero la mala suerte seguía acechándolo con sus formas misteriosas.

Las casas de apuestas en Las Vegas, como en todo el mundo, parecen ser encantadoramente informales en cuanto a sus métodos de manejar las apuestas y extender créditos. Pero debajo de esa superficie despreocupada, hay reglas de hierro. Una ellas, la que aplican con más firmeza —ya que jamás se permiten excepciones—, tiene que ver con el proceso de realizar una apuesta.

Un jugador puede realizar una apuesta sin tener que colocar efectivo, y si al repartidor le parece bien su apariencia, lo invitará al juego prestándole una o dos fichas. Sin embargo, al final el jugador debe mostrar el efectivo para pagar esas fichas de la apuesta de apertura. Incluso si gana, debe demostrar que tenía suficiente efectivo en su bolsillo para cubrir la apuesta original. Si no puede mostrar la cantidad de dinero requerida, la casa se negará, amable pero firmemente, a pagar sus ganancias.

En el caso del mercero, le habían adelantado una ficha de cinco dólares. El requerimiento parecía bastante fácil. Para obtener los 5000 dólares de ganancia, todo lo que debía hacer era demostrar que tenía cinco dólares en su bolsillo.

Sacó su cartera y miró dentro. Su sonrisa se volvió una expresión de sorpresa, y luego hizo una triste conjetura. Su esposa había tomado todo su efectivo para los gastos de la noche y olvidó decírselo. La cartera estaba vacía.

Probablemente debamos parar en este momento para tratar de aclarar a qué nos referimos con *suerte*. Es una palabra corta y encantadoramente simple, pero está cargada de una parafernalia emocional, filosófica, religiosa y mística. Hay docenas de definiciones posibles para ese agobiante vocablo. Cada definición implica cierto modo de ver la vida, y cada una, si insistes en ello en voz lo bastante alta, te meterá en discusiones con otros hombres y mujeres que ven la vida de otro modo y, por lo tanto, prefieren definiciones diferentes.

Los diccionarios solo son un apoyo limitado en este dilema. Cada definición del diccionario puede ser discutida, pues cada una parece menospreciar una filosofía u otra. La definición de Funk and Wagnalls, un diccionario del inglés estándar, comienza por decir que la suerte es «aquello que ocurre por azar». Algunos dirían que esa es una definición buena y completa, pero otros dirían que no, que la suerte es más que azar. El diccionario de Random House parte de un inicio más místico: «La fuerza que parece operar para bien o para mal en la vida de una persona». ¿Fuerza? ¿Qué fuerza? En cuanto al viejo diccionario Webster: «Una fuerza sin propósito, impredecible e incontrolable que hace favorables o desfavorables los eventos para un individuo, grupo o causa». Pero los devotos religiosos dirían que no, que no carece de propósito. Los astrólogos y entusiastas de los fenómenos psíquicos dirían que no, no es impredecible. Y muchos apostadores de Las Vegas, Montecarlo y los hipódromos dirían no, tampoco es necesariamente incontrolable.

He buscado una definición que todos puedan aceptar, una que simplemente presente los hechos y deje atrás las explicaciones y análisis. Hela aquí:

> **Suerte**: eventos que influyen en tu vida y al parecer están más allá de tu control.

Reconozco que es una definición vaga, y esa es la intención. Debería satisfacer a quienes creen que la suerte solo es el flujo y reflujo de eventos aleatorios. Y a quienes, aunque sienten que es más que aleatoriedad, están convencidos de que las fuerzas pueden explicarse en términos racionales y científicos. Y a quienes creen que la suerte involucra fuerzas ocultas o de otro mundo: estrellas, números, hechizos, patas de conejo, tréboles de cuatro hojas; o más grande que todo eso, a Dios Todopoderoso.

La definición de suerte de cada persona depende de cómo ha sido su vida. No tiene sentido discutir respecto a la opinión que alguien más tiene sobre la suerte, como no lo tiene discutir sobre la historia de vida de alguien más. Este libro no discutirá con nadie. Hablaremos con hombres y mujeres que tienen creencias diversas y escucharemos sus historias y explicaciones, y cuando parezca útil, investigaremos lo que parezcan errores de lógica; pero con mucha, mucha gentileza y con la mayor humildad. Solo queremos ver lo que hombres y mujeres piensan y hacen respecto a la suerte. En el curso de esta búsqueda, conoceremos muchas filosofías extrañas y mucha gente rara e interesante. Nuestro máximo propósito es averiguar si hay diferencias tangibles entre los consistentemente afortunados y los desafortunados. ¿Hay ciertas cosas que la gente afortunada hace con más frecuencia que la desafortunada? ¿Las personas afortunadas se enfrentan a la vida de cierto modo, tienen ciertas formas de pensar y actuar? ¿Esto se puede aprender? ¿Es posible combinarlo con tu propia filosofía de la suerte, ya sea que esa filosofía sea pesadamente pragmática o extremadamente ocultista, o un punto intermedio?

La respuesta a todas esas preguntas es *sí*.

Ralph Waldo Emerson dijo hace un siglo: «Los hombres superficiales creen en la suerte». Es obvio que su definición de suerte era limitada. Al hacer ese amargo enunciado se refería a la suerte en su sentido místico y metafórico: una cosa no aleatoria, una fuerza, voluntad o patrón que empuja a la gente en formas misteriosas pero, de algún modo, ordenadas.

Pero si aplicamos las palabras de Emerson a nuestra definición más amplia de suerte —eventos que influyen en nuestras vidas y al parecer están más allá de nuestro control—, la frase no tiene sentido. Hablar sobre creer o no creer en la suerte, como la definí, es como hablar sobre creer o no creer en el sol. El sol simplemente está ahí, y también lo está la suerte. La vida de *todos* está influida por eventos que caen sin ton ni son en ella desde fuera. Ningún hombre, mujer o niño puede decir que tiene el control total de su propia vida. Todos estamos sujetos a lo impredecible, lo inesperado, lo no invitado. A veces, nuestra suerte es buena y a veces mala, pero siempre es un elemento con el que contendemos. Desempeña un papel en la vida de todos, y con frecuencia se trata de un papel dominante.

Da miedo considerar el papel que desempeña la suerte en el inicio mismo de tu vida. Yo existo hoy porque, hace muchos años, en Londres, un hombre joven se resfrió. Trabajaba para un banco de la ciudad. Los domingos, cuando el clima era bueno, le gustaba hacer picnics en el campo o nadar en una de las playas de los canales ingleses. Un domingo de primavera, postrado por el resfriado, canceló sus planes y se quedó en casa, en un sucio cuartito cerca del banco. Un amigo pasó a verlo y lo invitó a una fiesta, donde conoció a una mujer joven. Se enamoraron y se casaron. Eran mi madre y mi padre.

Más o menos un cuarto de siglo después, otra mujer joven llegó a Nueva York en busca de trabajo. Había una vacante que le atraía mucho en el departamento de personal de una universidad. Luego de ser entrevistada para el puesto, esperó por una semana sin recibir respuesta, cada vez más nerviosa porque se le agotaba el dinero, y no quería aceptar otro puesto menos atractivo que ofrecía una revista. Pocos días después, la universidad le ofreció el trabajo que de verdad quería. Resulta que la oferta se había retrasado debido a una serie de complicaciones administrativas y otros eventos triviales, incluido el hecho de que algunas personas encargadas de tomar decisiones habían estado postradas en cama con gripe. La joven lo pensó por un día y, finalmente, guiada en parte por un sentido de obligación moral y en parte por una cómoda inercia, decidió permanecer en el trabajo que había comenzado en la revista. Poco después, yo llegué a la misma revista y fui contratado para trabajar en el departamento de reescritura. La joven y yo nos conocimos, nos enamoramos y nos casamos. Nuestros tres hijos no existirían hoy si un desconocido ejecutivo universitario no se hubiera enfermado de gripe en el momento justo.

Y hay muchas historias parecidas, y podemos referirnos a ellas en términos de Hados o Destino capitalizados portentosamente, o decir (como yo prefiero hacer en lo personal) que las historias no ilustran sino los acontecimientos carentes de patrones de eventos aleatorios. Cualquier interpretación se ajusta a la definición amplia de suerte. Si pensamos que ejercemos un control riguroso y detallado sobre nuestras vidas mediante planeación y dirección personales, estamos siendo víctimas de una ilusión.

Muchos hombres y mujeres inteligentes se sienten frustrados y desconcertados, al igual que Emerson, por la existencia de la suerte. Pues la suerte es el insulto supremo a la razón humana. No puedes ignorarla, y a la vez no es posible hacerla parte de tus planes. Solo te queda esperar y saber que entrará a tu vida una y otra y otra vez. No hay manera de saber qué forma tomará o si su visita te dejará triste, feliz o enojado, rico o pobre, arriba, abajo o en un punto intermedio.

Con certeza, es imposible saber si te dejará vivo o muerto.

El intelecto humano siempre intenta crear orden. La suerte siempre intenta crear caos. Sin importar con cuánto cuidado y astucia planees tu vida, la fortuna cambiará el diseño. Con buena suerte, cualquier plan a medias te llevará a alguna parte. Con mala suerte, ningún plan funcionará. Esta es la característica frustrante de la fortuna. Es el elemento que debe ser, pero no puede ser, llevado a nuestros planes.

Nuestros esfuerzos más entusiastas para autosuperarnos se volverán prácticamente fútiles a menos que estén acompañados por golpes de suerte correctos. Tal vez tengas valor y perseverancia y cualquier otra característica admirada por la ética protestante, o amor y humildad y todas las características admiradas por los poetas, pero a menos que también tengas buena suerte (y Jeanette Mallinson te lo puede decir), nada de eso será de gran ayuda. Puedes estudiar tácticas personales, como Maquiavelo. Puedes aprender técnicas para obtener poder. Puedes aprender a intimidar a las personas, a guiarlas, a decirles *no* sin sentir culpa, a encantarlas, hipnotizarlas y venderles botellas de agua caliente en el ecuador. O puedes ir en la dirección opuesta y aprender a ser feliz dentro de ti mismo, aprender a rezar, encontrar la comunión con Dios. No importa. Es probable que cualquier técnica de crecimiento personal que te atraiga funcione para ti, pero hay un elemento que debe estar presente para que funcione bien, un elemento que rara vez se reconoce en las instrucciones. Se trata de la suerte. Casi cualquier aproximación al éxito y la satisfacción personal funcionará... si eres afortunado.

Cierto día un conocido mío de IBM fue a un baño en su oficina para practicar meditación trascendental. Era el único lugar donde podía encontrar la soledad necesaria. En cuanto comenzó a recitar su mantra, un mosaico suelto cayó del techo y lo golpeó en la cabeza. Se levantó de un salto, asustado. Las llaves de su auto se salieron de su bolsillo posterior y cayeron en el inodoro. Se inclinó para pescarlas. En medio de su desconcierto, no se inclinó con el cuidado apropiado y se apoyó sobre la manija de descarga. Sus llaves desaparecieron.

Nada, *nada* funciona sin buena suerte. Sería estupendo si aprendiéramos a controlar este elemento enormemente poderoso mejor de lo que muchos hacemos. Sería magnífico que hubiera técnicas para lidiar con la suerte como las hay para lidiar con todo lo demás.

Ha habido muchos intentos para encontrar tales técnicas. Desde que las primeras tribus pidieron lluvias, buenas cacerías u otras bendiciones a los dioses, la mayoría de las religiones han sido intentos por controlar la suerte —aunque claro, para algunas más complejas como el cristianismo, solo en parte—. Muchas personas todavía rezan por resultados favorables hoy día, llevan medallas de san Cristóbal (si son católicos) para protegerse de accidentes durante viajes, y buscan guía espiritual cuando tienen que elegir entre diferentes opciones. Casi todas las artes ocultas poco recomendables intentan usurpar el control de lo incontrolable; o, como en la astrología, prepararse para ello tratando de predecir qué tipo de suerte habrá en el camino.

No obstante, la existencia misma de la palabra *superstición* demuestra que la gente no es capaz de ponerse de acuerdo respecto a las fuerzas invisibles que podrían o no estar operando en nuestras vidas. Este vocablo se define como «cualquier creencia religiosa, mística u oculta que no comparto». Lo que es superstición para mí podría ser religión para ti, y viceversa. El problema con todos estos enfoques es que su eficacia para mejorar nuestra suerte no se ha demostrado de manera satisfactoria. Algunos funcionan para algunas personas, pero no todos están dispuestos a intentarlos.

Sería útil si hubiera enfoques para el control de la suerte que no dependieran de fuerzas invisibles, enfoques cuya eficacia pudiera demostrarse de forma pragmática... Los hay.

He sido un fascinado coleccionista de historias y teorías sobre la suerte desde mediados de la década de 1950, cuando un relámpago de buena fortuna salió de la nada y se estrelló en mi vida (o así lo parecía en su momento) y alteró de forma radical el proyecto. Desde entonces, mientras entrevistaba a miles de hombres y mujeres por diversos propósitos periodísticos, también los he entrevistado respecto a la suerte: sus experiencias y sus pensamientos respecto a ella, así como sus intentos por controlarla. He prestado especial atención a personas espectacularmente afortunadas y también a las espectacularmente desafortunadas. Me he preguntado: ¿qué hacen los bendecidos por la suerte que otras personas no hacen, particularmente los condenados por la mala suerte? ¿Es posible cambiar nuestra suerte realizando cambios prácticos en nuestro interior o a nuestro alrededor?

Sí, es posible, y de eso trata este libro. Cuando sepas cómo hacerlo, ejercerás un control limitado pero perfectamente real sobre tu suerte. No serás capaz de controlarla en la forma deliberada y detallada que imaginan algunos místicos y «practicantes» del ocultismo. No obstante, con o sin fuerzas invisibles que te ayuden, te posicionarás de tal modo que tus probabilidades de tropezar con la buena suerte y evitar la mala serán visiblemente incrementadas. Pues resulta que hay diferencias perceptibles entre los consistentemente afortunados y los desafortunados. En general, y con ciertas excepciones, los hombres y las mujeres con más suerte son aquellos que han adoptado ciertos enfoques respecto a la vida y han dominado ciertos tipos de manipulaciones psicológicas internas. A este conjunto de características y actitudes le llamo «Ajuste de Suerte».

He realizado este «ajuste» en mí y en mi entorno. Produce resultados agradables. Mis amigos me llaman *afortunado*, y es verdad: lo soy. Pero creo que soy afortunado no solo por tener suerte, sino en parte porque sé cómo tenerla. Si mi fortuna y la tuya se sostienen por un rato, para cuando alcancemos el final del libro, el Ajuste de Suerte se volverá útil para ti.

Tenemos un viaje fascinante por delante. Comenzaremos explorando el reino de la suerte y averiguaremos lo que diversos tipos de personas hacen, dicen y piensan al respecto. Las apuestas claramente se valen de la suerte, y por lo tanto estudiaremos las vidas y fortunas de apostadores para ver qué verdades se pueden encontrar ahí. También charlaremos con especuladores bursátiles y otros que retan a la suerte pura y llanamente en sus vidas diarias. Y hablaremos con hombres y mujeres desconocidos y comunes quienes no se consideran a sí mismos apostadores, pero que en realidad lo son, como todos los demás.

Así que acompáñame, mantén cruzados los dedos y besa tus amuletos de la suerte. Estamos a punto de aventurarnos en tierras extrañas. Veremos cosas que pondrán a prueba nuestra capacidad para entender o creer, y tal vez al volver a casa hayan surgido más preguntas que respuestas. Aun así, volveremos con un poco más de sabiduría que al partir... si tenemos suerte.

CAPÍTULO 2

DOS VIDAS

Issur Danielovitch y Charlie Williams nacieron durante la Primera Guerra Mundial en el sucio extremo este de Ámsterdam, Nueva York. Nacieron, aparentemente, con las mismas oportunidades de tener éxito o fracasar. Los padres de ambos eran obreros inmigrantes, y ambas familias vivían al borde de la pobreza. Los dos chicos crecieron en el mismo mundo, fueron arrastrados, golpeados y arrojados por las mismas grandes mareas sociales. Cursaron la escuela durante la alocada década de los veinte. Siendo adolescentes, sufrieron los estragos de la Gran Depresión. Fueron succionados por el vórtice de la Segunda Guerra Mundial cuando eran jóvenes, para luego ser escupidos en un *boom* de tiempos de paz. Envejecieron conforme Estados Unidos cambió a través de la orgullosa década de los cincuenta, los estridentes sesenta y los prudentes setenta.

Y mientras este libro se escribe,[1] ellos son hombres de mediana edad. Fueron creados iguales, pero no terminaron igual.

A Charlie Williams sus amigos lo conocen como Nariz de Plátano, y es un vagabundo de Bowery. A Issur Danielovitch lo conocen como Kirk Douglas, y es una famosa y millonaria estrella de Hollywood.

Será aleccionador analizar las historias paralelas de estos dos hombres. Heráclito observó hace 25 siglos que carácter es destino, y varios millones de obras y novelas desde entonces han intentado probar ese punto. No lo han probado porque solo es verdad en parte. El carácter ciertamente hace el destino, pero el destino también hace el carácter. La ruta de un hombre o una mujer a través de la vida está determinada en parte por lo que se encuentra en su interior: el grado de valor, el entusiasmo, la fortaleza, el fervor de la esperanza y los sueños. Pero lo que lleva dentro, en parte si no es que en su totalidad, se conforma con los acontecimientos y las otras personas que influyen desde el exterior. Kirk Douglas y Charlie Williams llegaron hasta donde están en parte debido a lo que son y en parte debido a eventos aparentemente fuera de su control. Estas son dos historias de carácter y suerte entretejidos.

Conocí a Charlie Williams por primera vez en 1968. Una revista me había asignado la tarea de escribir un artículo sobre la suerte. Fui al distrito Bowery de Nueva York, un lugar tan monumentalmente feo que tiene un encanto extraño y surrealista propio, y entré al poco majestuoso Bar Majestic. Una docena de hombres

[1] N. de la E. Recuérdese que este libro se publicó en 1977.

con ropa harapienta y arrugada bebían vino de 15 centavos el vaso. La mayoría tenía 50 años o más, lo que era de esperar. Bowery es un lugar donde terminan los perdedores. El espíritu humano es duro, y se necesitan años de palizas para formar a un perdedor.

Apenas había cruzado la puerta del Majestic cuando un par de hombres se deslizaron de sus sillas e intentaron abordarme en busca de monedas de 25 y 50 centavos. El tabernero gruñó:

—¡Oigan, ustedes, nada de andar mendigando aquí! ¡Vayan a la acera a hacer sus cosas de vagos!

Le dije que no había problema, que quería pagar tragos para todos. Esto causó un revuelo en el bar. Cuando obtuve la atención de todos, expliqué que era un periodista, escribía algo sobre la suerte y quería encontrar a un hombre que hubiera nacido en el mismo lugar y en el mismo año que alguien rico y famoso.

Esto pareció animarlos. Quienes no estaban demasiado ebrios para pensar pusieron sus cerebros a trabajar duro. Sin duda podían oler mi dinero.

—¡Yo una vez estuve en un tren con Roosevelt! —gritó un hombre esperanzado. Otro dijo algo sobre la madre de su esposa y el senador Taft. Entonces vi a un hombre pequeño de pie junto a mí.

—¿Qué le parece Kirk Douglas? —dijo.

El hombre tenía una cara fea aunque agradable. La nariz era demasiado grande para el resto de las facciones, aunque también lo era la sonrisa. Su ropa estaba vieja pero bien cuidada, muy descolorida por los frecuentes lavados. Uno de los zapatos estaba atado con cinta de aislar para evitar que se despegara la suela. Estaba bien afeitado, con su delgado cabello castaño peinado, y sus uñas recortadas y perfectamente limpias. Era evidente que se trataba de un hombre que conservaba la dignidad a pesar de haber terminado en el montón de descartados de la vida.

Le compré un par de sándwiches y escuché su historia. Charlie Williams nació en 1917, un año antes que Kirk Douglas. Él recuerda que disfrutó de sus primeros años en Ámsterdam. Le iba bien en la escuela, particularmente en matemáticas.

Entonces llegó la primera pieza de mala suerte importante que puede recordar. Cuando tenía 12 años, su padre escuchó sobre un trabajo que no requería demasiadas habilidades en Providence, Rhode Island. La familia emigró.

—A mi viejo le pareció buena suerte porque su salario subió un poco, pero para mí fue pésima suerte. Antes había estado feliz en la escuela, pero por alguna razón nunca me fue bien en las escuelas de Providence. Tuve algunos malos maestros...

Había una maestra que hacía observaciones crueles sobre su nariz, la cual se volvía más grande conforme maduraban sus jóvenes huesos. Las formas de los rasgos faciales y corporales, desde luego, son factores sobre los que uno tiene poco o ningún control, y llegan a afectar profundamente nuestra vida. Tal vez los hombres guapos y las mujeres hermosas no tengan una ventaja automática sobre sus pares menos agraciados, pero sí tienen algo que puede convertirse en ganancia personal si lo usan bien. El rostro de alguien es en parte responsable de su fortuna.

De algún modo, Charlie Williams perdió su optimismo durante la adolescencia.

—Esa terrible maestra decía cosas como «¿Qué pasa, Charlie, no pudiste leer tu tarea? ¿Te estorbaba la nariz?». Los niños le siguieron la corriente y nunca pude ser sino un forastero. Era Charlie el del Pico, el niño del que todos se reían. Pues ¡qué demonios!, eso afecta a un niño. Mis calificaciones cayeron. Supongo que tenía… cómo decirlo… la psicología del perdedor. Apenas había comenzado, pero ya estaba acabado.

Odiaba la escuela, así que la abandonó. Trabajó en una granja, luego ingresó en un equipo de reparación de vías para ferrocarril, y después condujo un autobús escolar.

—De vez en cuando intentaba conseguir un trabajo mejor, pero debí tener la palabra *perdedor* escrita en todas partes. Creo que lo que hacía era solicitar un trabajo pero siempre pensando que no lo conseguiría. Me disculpaba con la gente por hacerles perder el tiempo. Naturalmente, no me lo daban.

Una mujer entró a la vida de Charlie Williams durante este periodo. Se mudó con él a su desvencijado cuarto de hotel y se quedó algunos días. Luego se desvaneció, llevándose su escaso suministro de dinero. Por razones que a él nunca le quedaron claras, también se llevó la llave para encender el autobús escolar. Como no pudo echar a andar el autobús a la mañana siguiente, lo despidieron.

En 1939 le llegó un golpe de suerte. Consiguió un trabajo como conductor para una pequeña compañía de camiones. Él y el dueño del negocio se volvieron muy amigos. El dueño, un hombre mayor, deseaba jubilarse pero quería que el negocio siguiera vivo y le proporcionara ingresos. Al no tener hijos, extraoficialmente «adoptó» a Charlie. Hablaba de entregarle el negocio al hombre más joven como gerente y socio. Williams vio la oportunidad de por fin tener éxito. Hacía años que no se entusiasmaba por nada. Estudió con cuidado los libros de la compañía y la economía de la industria camionera. Hizo planes para tomar algunos cursos de contabilidad.

—¡Iba a ser un empresario! Pensé: «¡Por fin lo logré!». De verdad creí que así era. Me gustaba el negocio y sabía que sería bueno en ello. Haría que la empresa creciera. ¡Iba a ser jefe de una de esas grandes corporaciones!

Pero el destino tenía otros planes. Estados Unidos fue a la guerra. Y uno de los primeros hombres en ser invitados al ejército por la oficina de reclutamiento local fue Charlie Williams. Para cuando volvió a la vida civil, a mediados de la década de 1940, tanto la pequeña compañía camionera como el dueño habían muerto.

Charlie saltó de un empleo a otro. En el ejército adquirió el gusto por el whisky, pero todavía bebía con moderación. Le llegó una nueva oportunidad de tener éxito cuando la Firestone Tire and Rubber Company lo contrató en 1948 como almacenista. Como muchas compañías en aquellos días, Firestone tenía planes de expansión ambiciosos durante tiempos de paz, pero, luego de la guerra, los dificultaba una falta de hombres y mujeres jóvenes entrenados en sus tecnologías especiales. La respuesta de la compañía fue un programa intensivo de educación a empleados. Firestone recurría continuamente a sus trabajadores poco habilidosos, los seleccionaba, los enviaba a estudiar y los canalizaba hacia lo que, para algunos, se volvían nuevas carreras doradas. Charlie Williams, carente de educación formal pero impresionantemente brillante, fue uno de los hombres seleccionados. Firestone comenzó a entrenarlo como reparador de llantas, y se hablaba de enviarlo a una escuela nocturna para completar su educación preparatoria y quizá mandarlo después a una escuela de técnicos químicos.

—Una vez más, creí que lo había logrado.

Una vez más, estaba equivocado. Un nuevo fragmento de mala suerte le llegó. Una noche conducía un Buick 1938 en Nueva Jersey cuando el mecanismo de dirección se venció. De pronto, el volante estaba dando vueltas sin control en sus manos.

—Estaba en una especie de camino rural. Solo había una casa cerca. El resto era campo abierto. El auto pudo haber ido en mil direcciones diferentes y habría estado bien. ¿Pero qué pasa? Jesús, se dirigió directo a la casa. ¡Hablando de mala suerte! Directo a la casa, como si alguien lo estuviera conduciendo. Choqué contra el costado de un garaje y todo el maldito techo colapsó.

Charlie no quedó muy herido, pero sí lo quedó su carrera. Esa noche había bebido, aunque, asegura firmemente, no en exceso.

—Creo que había bebido tres vasos de cerveza, nada más.

Lo acusaron de haber conducido en estado de ebriedad. Nadie creyó su historia sobre el mecanismo de dirección, ya que el auto estaba demasiado dañado como para que hubiera evidencia que lo respaldara. Tampoco tenía seguro. El dueño de la casa demandó por los daños. Su sueldo en Firestone fue embargado.

Eso terminó su brillante carrera en Firestone y anduvo de aquí para allá un poco más. Un día de 1950, desempleado y hambriento, pasó frente a un cartel de reclutamiento del ejército. El cartel prometía cosas que le atraían: un techo, una cama, tres comidas al día, la oportunidad de aprender nuevas habilidades.

—Parecía una respuesta. A mi forma de ver, no te disparan en el ejército durante tiempos de paz, así que un hombre bien podría ganarse la vida ahí como en cualquier otro lugar.

Se enroló en este ejército de tiempos de paz el 15 de junio de 1950. Diez días después descubrió que había cometido un grave error. El 25 de junio, sin previo aviso, tropas norcoreanas invadieron Corea del Sur a través del paralelo 38. El ejército estadounidense de tiempos de paz se convirtió abruptamente en uno de tiempos de guerra. A los pocos meses, a Charlie Williams le estaban disparando en Corea.

—Entendí que nada de lo que hiciera saldría bien jamás. Entendí que en adelante mandaría todo al diablo. Fue en Corea donde empecé a beber en serio.

Pero nuevamente la esperanza resurgió en él. Al salir del ejército, a finales de la década de 1950, andaba sin rumbo fijo, y así llegó hasta la ciudad de Nueva York y comenzó a buscar un trabajo.

—Verás, tenía 40 años. Supuse que tenía que triunfar esta vez o estaría acabado para siempre. Así que dejé de beber, me mantuve sobrio por completo. Usé mi paga del ejército para comprarme algo de ropa buena. Es decir, de verdad estaba determinado a tener una oportunidad más.

Sin embargo, no tenía ninguna habilidad que ofrecer a ningún empleador. Y un día, sentado de mal humor en la banca de un parque mientras analizaba los anuncios clasificados de un periódico, tuvo el que considera el peor golpe de mala suerte de toda su desafortunada vida.

—Estaba ahí sentado y un tipo sale de la nada y se sienta junto a mí. Un vago, harapiento y borracho. Me pregunta: «¿No tienes empleo?», le respondí que no y dijo: «Te diré a dónde ir». Supuse que me hablaría de algún trabajo. En vez de eso, lo que me dijo… bueno, fue el fin de todo. Podría decirse que fue mi ruina.

El vago le habló a Charlie Williams sobre el Albergue Municipal de Nueva York —«El Muni», como lo llamaban sus visitantes—, donde los hombres desamparados podían recibir comida gratis y cupones canjeables en varios restaurantes y moteles en el distrito Bowery.

—Cuando recibí mi comida gratis y mi cama esa noche, me rendí. La presión desapareció. Ya no tenía que buscar trabajo. A partir de ese día, quedé atrapado.

Unas dos veces al año después de eso, Charlie Williams intentó resistirse y salir. Consiguió varios trabajos —lavando platos en un restaurante, entregando órdenes telefónicas para una cafetería, lavando carros, recogiendo basura en el parque—, pero ningún trabajo duraba más de unos cuantos meses. Charlie se desalentaba con facilidad. Si se enojaba o tenía una discusión sin importancia, renunciaba. La paga siempre era tan baja que, según lo veía él, no tenía sentido quedarse cuando el trabajo se volvía desagradable. La vida no le había dado motivos para esperar que las cosas mejoraran si aguantaba. Cuando terminaba cada trabajo, despilfarraba su paga acumulada, si es que la había, en whisky barato. Luego volvía al Muni y pasaba sus días mendigando dinero para beber en las calles.

Vi a Charlie por última vez en 1973. No siempre es fácil encontrar a un hombre que no tiene ni casa ni trabajo ni dirección postal ni teléfono, pero hice el intento de vez en cuando y en ocasiones lo encontré en un bar o echado en su esquina favorita de Broadway. Le entregué algunos dólares y le pregunté qué había de nuevo con él. Por lo general, no había nada nuevo. Su vida se había detenido hasta llegar a un punto muerto. Cuando lo vi en 1973, era un día frío y hablaba esperanzado sobre ir a vagabundear a Florida.

—Estoy demasiado viejo para esto —dijo, mientras el frío viento de noviembre soplaba a través de su viejo abrigo del ejército.

Issur Danielovitch era un niño rudo en un vecindario duro. Como lo expresó algunos años más tarde:

—Era el tipo de niño que, de adulto, hubiera terminado como dependiente en una tienda departamental de Ámsterdam. No tenía rumbo alguno. No me interesaba nada además de las chicas...

Ni él ni Charlie Williams recuerdan haberse conocido. Sin embargo, si los hubieran puesto uno al lado del otro a la edad de 11 o 12 años, es probable que los adultos de su mundo hubieran elegido a Williams como el de mayores probabilidades de tener éxito. Williams era un buen estudiante con un don especial para las matemáticas. Danielovitch apenas hacía el trabajo suficiente para aprobar y aparentemente no tenía ningún interés intelectual.

Pero hacer pronósticos sobre el curso futuro de un chico o una chica, y basar esos pronósticos únicamente en factores de personalidad observados en el presente, es juzgar sin lo que Kirk Douglas llama el «factor X»: la suerte. Aunque parezca extraño, a mí se me hizo que Charlie Williams estaba más cómodo con su mala suerte que Douglas con su buena suerte. En la época que conocí a Williams, él prácticamente se había dejado de preocupar por ello. Sin embargo, Douglas sigue asombrado respecto a muchas de las cosas que ocurrieron en su vida y pasa una buena parte del tiempo intentando darles sentido. Y admite que no lo logra.

—Al hombre le gusta sentir que tiene el control de su vida —dice Douglas—, pero es una maldita ilusión. El factor X siempre está ahí. Puedes tener todo el talento del mundo pero, sin suerte, no irás a ninguna parte.

Entre los primeros golpes de mala suerte de Charlie Williams estaba la serie de malos profesores. Issur Danielovitch tuvo exactamente la experiencia opuesta. Este niño sin rumbo y loco por las chicas tuvo la buena suerte de ser asignado a una maestra que al parecer era más que buena. Era sobresaliente. Hoy día, ya cerca de los 60 años, él aún recuerda a esa profesora con claridad y a menudo habla de ella. Él le da el crédito por haberle dado un giro a su joven vida.

—Creo que me adoptó como una especie de proyecto. Tal vez quería probarse algo a sí misma. No sé, probarse lo mucho que podía obtener de tan poco. Así que me propuso retos, de cierta forma me retó a hacer cosas que yo no creía poder hacer. Un día me pidió que aceptara un pequeño papel en una obra escolar. No había razón especial para que me hiciera esa propuesta. Yo jamás había demostrado ningún interés o talento en esa dirección, ella solo lo hizo. Fue una casualidad. De no haber ocurrido, nadie fuera de Ámsterdam sabría mi nombre hoy. Pero ocurrió, y despertó mi interés por la actuación, y ella me impulsó y empujó en el camino, y así fue como todo comenzó.

El joven Danielovitch se abrió paso por la universidad (parcialmente como dependiente de una tienda departamental en Ámsterdam), luego fue a Nueva York e intentó ingresar al mundo de la farándula. Conoció a una multitud de jóvenes que depositaban sus esperanzas en el teatro y se la pasó muy bien pero, en términos de progreso profesional, no logró casi nada.

—Vivía en un cuartito mugroso en Greenwich Village, trabajaba como mesero en el restaurante Schrafft's. Conseguí un par de papeles menores en Broadway, pero eran tan pequeños que apenas podían verse sin ayuda de un microscopio. De hecho, uno de ellos fue invisible, no miento. Fui un eco que provenía de fuera del escenario. Ese era el tipo de éxito que tenía. Cuando entré a la Armada, en 1942, no parecía estar más adelantado en mi carrera que cuando empecé.

Pero la suerte estaba operando en su propio modo secreto. Cuando Kirk Douglas partió a la guerra, dejó atrás un amplio círculo de amigos. Entre las jóvenes mujeres de las que se despidió se encontraba una desconocida aspirante a actriz llamada Lauren Bacall. Mientras él estaba en el Pacífico, Lauren Bacall disfrutó de una impresionante racha de suerte y de pronto se convirtió en una estrella de Hollywood («Tu propia suerte depende de la suerte de otras personas», dice Douglas «¡Es una locura!»). Cuando Douglas volvió a la vida civil, ella lo presentó con un productor, y así comenzó su carrera en el cine.

—Oh, seguro —comenta—, supongo que tenía algo de talento. Pero de no haber sido por la suerte de conocer a Lauren Bacall, ¿a dónde habría ido ese talento? Docenas de mis amigos de aquel entonces también tenían talento, pero no ves sus nombres en películas. Ellos no tuvieron suerte.

Por un tiempo, luego de su llegada a Hollywood, Douglas actuó sin gran reconocimiento en una serie de películas de segunda categoría. Entonces se le presentaron dos oportunidades que parecían fuera de lo común. Dos compañías de producción lo contactaron con apenas días de diferencia y le ofrecieron papeles importantes. Una compañía era grande y adinerada. Su propuesta de película era cara, y el presupuesto incluía lo que Douglas consideraba era una suma impresionantemente generosa para las ganancias de los actores. La otra compañía era pequeña y estaba lejos de ser rica. Tenía planeada una película de bajo presupuesto con apenas lo mínimo de paga garantizada. Solo podía pedir a los actores que corrieran el riesgo. Si la película tenía éxito, ellos tendrían éxito. De no ser así, se irían a casa con agujeros en sus bolsillos.

—Elegí a la compañía pequeña —dice Douglas—. ¿Por qué? No lo sabía entonces y aún no lo sé ahora. Fue una corazonada pura y simple, y descabellada. Siempre he sido un tipo que confía en sus corazonadas. Cuando son fuertes y se sienten bien, las sigo. Esta era muy fuerte, aunque no podía entender de dónde venía. La seguí y resultó la correcta.

La película de la compañía pequeña era *El ídolo de barro*, un estudio perfecto sobre el mundo del boxeo. Esta fue la película que hizo de Kirk Douglas una estrella. La película de la compañía adinerada fue recibida sin entusiasmo y se perdió en el olvido, junto con la mayoría de sus actores.

Una corazonada como esa puede explicarse de forma racional, al menos en parte. En 1958, Douglas tuvo otra experiencia con la intuición que tampoco puede explicarse racionalmente. El productor Mike Todd planeaba volar de la Costa Oeste a Nueva York en su avión privado e invitó a Douglas a acompañarlo. Douglas aceptó, empacó sus maletas y no llegó.

—No puedo explicar por qué no fui. No hubo sensaciones de ver el futuro ni premoniciones de desastre ni nada de eso. En el último momento… bueno, tan solo decidí que no quería ir. Fue una de esas decisiones que tomas sin saber la razón.

El avión se estrelló, matando a todos a bordo.

Desde entonces, la vida de Kirk Douglas sigue siendo por lo general afortunada. Ha sido una vida vivida en gran medida a la vista del público. Es tan conocida que no hace falta contarla aquí.

Pero las preguntas siguen sin respuesta. ¿Douglas y Williams ayudaron a forjar su propia suerte? Y de ser así, ¿en qué medida? ¿O acaso la mayoría de su suerte provino de fuerzas más allá de ellos? De ser el caso, ¿cuáles son esas fuerzas y cómo operan?

SEGUNDA PARTE

ESPECULACIONES SOBRE LA NATURALEZA DE LA SUERTE: ALGUNOS ENSAYOS CIENTÍFICOS

CAPÍTULO 1

LA TEORÍA DE LA ALEATORIEDAD

Martin Gardner, un famoso matemático que escribe una columna mensual sobre el tema para *Scientific American*, está convencido de que la suerte surge de la aleatoriedad pura. Él insiste en que, cuando la gente habla sobre la «suerte asombrosa», las «rachas ganadoras» y los «días de suerte», solo se están refiriendo a las coincidencias y estructuras aparentes que inevitablemente suceden cuando suficientes eventos aleatorios ocurren durante un periodo largo. El matemático Horace Levinson expresa el mismo punto de vista en *Chance, Luck and Statistics* (Azar, suerte y estadísticas) uno de los pocos libros comprensibles que he encontrado sobre el tema de la probabilidad. Otro de estos libros es *Lady Luck: The Theory of Probability* (La dama de la suerte: teoría de la probabilidad), del profesor de matemáticas Warren Weaver, quien está de acuerdo con Gardner y Levinson.

Otros pensadores eminentes no están de acuerdo, desde luego. Tendrán su oportunidad, pero este capítulo pertenece a los partidarios de la teoría de la aleatoriedad. Veamos cuál es y por qué para ellos tiene sentido.

Hace algunos años, una mujer llamada Vera Nettick, mientras jugaba bridge en Princeton, Nueva Jersey, tomó una mano recién barajada y casi la dejó caer. La mano contenía los 13 diamantes.

Al principio pensó que estaba siendo víctima de uno de esos chistes de barajas amañadas con los que los jugadores de bridge gustan atormentar a otros, pero no había dejado la mesa desde que las cartas se habían barajado y concluyó que no se trataba de eso. La repartidora, a su derecha, abrió con una subasta de dos corazones. Era obvio que las otras tres manos contenían muchas cartas de un mismo palo y carecían de diamantes, y una subasta de siete corazones o picas habría superado la suya y la haría factible. Ella apostó de inmediato un gran *slam* de diamantes y contuvo el aliento. Sus oponentes escogieron no apostar más, y el gran *slam* fue suyo; todas descartaron sus manos. Sin duda, hablaría sobre esa impresionante mano por el resto de su carrera como jugadora de bridge. Esa noche, la suerte estaba con ella.

¿Suerte? La gente afín a la teoría de la aleatoriedad estaría en desacuerdo. Cuando alguien balbucea sobre la «suerte» en el bridge o cualquier otro juego de cartas, ellos señalan que todas las manos concebibles, obligatoriamente, le llegarán a alguien tarde o temprano. Incluso, si se lo piden, proporcionan un cálculo matemático mediante el cual estiman la frecuencia con que se puede esperar que surja una mano como la de Vera Nettick: es más frecuente de lo que la mayoría piensa.

Hay más o menos 635 mil millones de manos de bridge posibles. De estas, ocho pueden ser llamadas «perfectas», aunque algunas son más perfectas que otras. Para comenzar, hay cuatro manos perfectas no superables. Tales manos contienen los cuatro ases, los cuatro reyes, las cuatro reinas y una de las jotas. Cualquiera de estas cuatro manos sería inequívocamente perfecta porque ninguna apuesta puede superarla. Algo menos perfectas, en orden descendente, están las manos que contienen todas las picas, todos los corazones, todos los diamantes y todos los tréboles. Si hay ocho de estas manos perfectas en 635 mil millones posibles, la probabilidad estadística de que tal mano se reparta es de una vez por cada 79 mil millones de intentos, más o menos. Ahora todo lo que debemos hacer es estimar cuántos juegos de bridge se juegan cada año y cuántas manos se reparten en cada juego. Con estimados bastante conservadores, resulta que cada mano perfecta se repartirá a algún afortunado jugador de bridge en algún lugar de los Estados Unidos, aproximadamente, una vez cada tres o cuatro años.

Para el jugador que tome esa preciosa mano este año, el próximo o dentro de dos años, el evento parecerá una suerte monumental. Para la gente afín a la aleatoriedad, será del todo común (estas personas son los aguafiestas del mundo de la suerte). Para ellos, este tipo de eventos es tan previsible como la salida del sol. La única diferencia se debe a que la aparición de una mano perfecta es menos predecible en términos de tiempo.

En realidad, lo que sería sorprendente es que ocasionalmente no se repartieran manos perfectas. Todas las manos posibles tienen las mismas probabilidades de ser repartidas. Si especificas *cualquier* mano de 13 cartas por adelantado, las probabilidades en contra de tu elección de esa mano en particular son de

635 mil millones a una. La mano perfecta no es más rara que ninguna otra. La única diferencia se debe a que la mano perfecta se desea más, por lo tanto sorprende más y resulta más memorable para el jugador que la recibe, y por ende se habla más de ella. Si juegas al bridge, es poco probable que puedas reconstruir con precisión la última mano mediocre que jugaste hace una semana. No deseaste ese montón de cartas. Pero de haber recibido una mano perfecta, cuyas probabilidades son exactamente las mismas, la recordarías y se lo contarías por décadas a tus amigos hasta el aburrimiento.

Los partidarios de la teoría de la aleatoriedad conceden de mala gana el derecho a ser feliz si te reparten una mano de bridge perfecta o si ganas una lotería de un millón de dólares, e incluso aceptan a regañadientes que menciones la «suerte», pero no permitirán que te sientas sorprendido. Alguien debe recibir una mano perfecta tarde o temprano, y si resulta que esa persona eres tú, no tienes derecho a asombrarte. Cierto, las probabilidades en contra de que recibas esa mano son enormes, pero también lo son en contra de recibir cualquier otro grupo específico de 13 cartas. Como dice el doctor Levinson: «Las probabilidades siempre están en contra de lo que ocurre».

Levinson ilustra este punto al hablar sobre las loterías. Si entras a una lotería estatal junto con un millón de personas, las probabilidades de que ganes el premio mayor son de un millón a una. Si ganas, él no quiere que te asombres. Lo harás, desde luego. Irás por ahí diciendo «¡No puedo creerlo!», «¿Por qué yo?», y «Vaya, ¡qué suerte tan fantástica!». Pero para los funcionarios estatales que realizaron la lotería, no ocurrió nada interesante. Se suponía que una persona ganaría el premio mayor. Desde su punto de vista, la lotería es una máquina confiable que hace en cada ocasión precisamente aquello para lo que fue diseñada y no genera sorpresa alguna. Cada vez, indiferente, crea una situación en la cual un hombre o una mujer ganan una fortuna en contra de asombrosas probabilidades.

Así es toda la vida. Las cosas que nos ocurren parecen increíbles porque las probabilidades en su contra son tan enormes, pero lo que sea que me ocurra obligatoriamente le hubiera ocurrido a alguien. Si salgo en mi carro una mañana y me estrello contra otro en una intersección, grito de indignación por mi fantástica mala suerte. El otro conductor y yo somos completos extraños que partieron de lugares diferentes a horas diferentes, se dirigían a destinos diferentes por razones diferentes, viajaron por diversas rutas, cuya velocidad fue influida por semáforos y otros conductores (cada uno con sus propias razones para estar ahí) y una multitud de otros factores. Cuando este desventurado día inició, las probabilidades en contra de que llegáramos a esta intersección precisamente al mismo tiempo eran colosales: millones a una, billones, trillones. Pero los policías que llegan a la escena no se sorprenden. Para ellos, el accidente es parte de una certidumbre. Ellos saben que ocurrirán X-mil accidentes de dos carros en su estado cada año. Estos accidentes deben ocurrirle a alguien.

Lo que para mí es suerte, para alguien más es una certeza. Esta es una de las razones por las cuales los partidarios de la aleatoriedad se deprimen cuando la gente habla sobre «asombrosos» golpes de suerte buena o mala. Ningún científico dedicado a la aleatoriedad que se respete admitirá jamás asombrarse por nada.

Ni siquiera las coincidencias sorprenden a estas personas tenaces y a veces malhumoradamente racionales. Logran lucir aburridas incluso cuando ocurren cosas con probabilidades en extremo bajas, hasta cuando eventos al azar parecen caer juntos en patrones que no tienen un derecho aparente a existir, pues la teoría de la aleatoriedad sostiene que las leyes de la probabilidad en realidad no son tan legítimas.

Hay dos leyes cardinales a tener en mente.

Primera ley: todo puede suceder. Segunda ley: si puede suceder, sucederá.

Sucederá tarde o temprano, dados suficientes eventos aleatorios que les ocurren a suficientes personas durante un periodo de tiempo lo suficientemente largo. Cuando una coincidencia afortunada o escalofriante ocurre, cuando los eventos se acumulan en un patrón cuyas probabilidades en contra parecen casi infinitas, las personas involucradas quedan, desde luego, abrumadas con la sorpresa y suelen comenzar a especular que intervinieron fuerzas místicas o psíquicas. «¡No pudo ocurrir solo por casualidad!», protestan. La teoría de la aleatoriedad responde: «Tonterías. Todo puede ocurrir por casualidad». Como dice Martin Gardner, billones de eventos, grandes o triviales, les ocurren a miles de millones de humanos en la Tierra cada día. En este vasto y turbulento mar de sucesos interminables, sería asombroso que las coincidencias no ocurrieran de vez en cuando. Una de las coincidencias favoritas del doctor Warren Weaver tuvo lugar hace muchos años en Beatrice, Nebraska. La revista *Life* reportó que 15 personas debían presentarse cierta noche invernal en una iglesia para una práctica del coro a las 7:20. En el pasado se había puesto mucho énfasis en la estricta puntualidad entre estos 15 hombres y mujeres. A ninguno de ellos le gustaba que las sesiones duraran hasta tarde, y a los miembros más puntuales les irritaba llegar a tiempo para luego tener que esperar a que aparecieran los rezagados. Por lo tanto, la puntualidad era la regla. Pero en esta noche en particular, las 15 personas, incluido el director del coro, llegaron tarde. Lo hicieron por al menos diez razones diferentes. Uno de los hombres no podía encender su auto, y un matrimonio tuvo problemas para encontrar a una niñera, etcétera.

Por lo tanto, la iglesia seguía vacía poco antes de las 7:30. Y en ese momento el edificio fue destruido por una desastrosa explosión de la caldera. Como nadie estaba ahí, nadie murió.

Algunos de los miembros del coro y otros ciudadanos de Beatrice hablaron, comprensiblemente, de la Providencia, la protectora mano de Dios. Algunos se refirieron a la precognición, a corazonadas misteriosas y a peculiares impresiones fantasmales: «Tuve esta rara sensación de que había una razón para llegar tarde...». Otros hablaron de destino, las estrellas, resultados predestinados: «No era su hora de morir...». Y, desde luego, todos se refirieron, de una forma u otra, a la suerte.

Weaver también habla sobre la suerte. No obstante, para él, el incidente de la iglesia de Beatrice no fue más que una coincidencia afortunada, una coincidencia de eventos al azar de manera tal que pareció significativa, pero que no tenía una fuerza con propósito o dirección detrás. Después de todo, la impuntualidad no es poco común. Que 15 personas hayan llegado tarde a una reunión planeada es probablemente menos raro que 15 personas lleguen a tiempo. Es seguro suponer que las situaciones en las que se da una impuntualidad de 100%, en las que alrededor de una docena de personas llegan tarde a pesar de las peticiones de puntualidad, ocurren todos los días. La mayoría de estas situaciones pasa sin que se les preste atención porque no tienen nada de interesante. El episodio de la iglesia de Beatrice llegó a las noticias porque hubo una explosión, y esta hizo que una situación común y carente de interés pareciera tener un significado numinoso.

Weaver también reporta una coincidencia más trivial pero, a su modo, más alarmante en relación con un hombre llamado Kenneth D. Bryson. Mientras pasaba por Luisville, Kentucky, en un viaje de negocios, Bryson decidió detenerse por mero impulso durante un día y echar un vistazo por la animada ciudad. Se registró en un hotel recomendado por un desconocido.

Para su completo asombro, descubrió que le había llegado una carta al hotel. La carta tenía tanto su nombre como su número de habitación. «Kenneth D. Bryson. Cuarto 307». ¡Ah, vaya misterio! La carta había sido enviada antes de que Bryson siquiera supiera que se detendría en Louisville, y desde luego, antes de que supiera en qué hotel se hospedaría o qué cuarto recibiría.

La explicación, según se supo, fue tan extraña como la existencia misma de la carta. El ocupante anterior del mismo cuarto en el mismo hotel había sido otro hombre con el mismo nombre, Kenneth D. Bryson.

¿Extraño? Ciertamente, pero no es una violación a las leyes de la probabilidad. Tal vez Bryson haya buscado algún significado místico a este extraño episodio, pero los partidarios de la aleatoriedad le hubieran aconsejado no impresionarse tanto. La historia simplemente demuestra que lo que puede suceder, sucederá. Si millones de personas se registran y salen de hoteles cada año, tarde o temprano se cruzarán en el camino dos personas con el mismo nombre.

Como matemático, Martin Gardner está fascinado por las coincidencias numéricas. Algunas personas creen que estas no son meras estructuras de la probabilidad. Pero Gardner, al ser un partidario de la aleatoriedad (y uno más asertivo de lo normal, por cierto), insiste que lo son. Él recuerda un incidente cuando un tren de pasajeros en los suburbios de Nueva Jersey cayó a la bahía de Newark, accidente en el que murieron muchas personas. La historia fue ampliamente difundida en la televisión y los periódicos. Una fotografía que llamó la atención mostraba el vagón posterior del tren cuando era retirado del agua, y el número del vagón era claramente visible: 932.

Entre aquellos que notaron ese número con interés se encontraban varios miles de apostadores en Manhattan. La gente que juega con los números a menudo da importancia mística a cifras que aparecen en las noticias. Para ellos, ese 932 exhibido de manera tan destacada en las primeras planas era una señal clara para apostar. Miles apostaron a ese número ese día... y, asombrosamente, resultó ser, al azar, el número ganador.

La valoración de Martin Gardner es que el místico 932 apareció en dos lugares por mera casualidad, y no debido a alguna fuerza oculta. Tales coincidencias han ocurrido antes y volverán a ocurrir.

Las coincidencias les ocurren a todos. La mayoría son triviales y no producen nada más que un vago sentimiento de asombro, una mueca o un encogimiento de hombros. Algo te recuerda a un amigo de antaño con quien no has hablado por años, y entonces el teléfono suena y es tu amigo. Encuentras una palabra que nunca habías visto y la buscas en el diccionario, y en los siguientes días esa palabra aparece en todo lo que lees. Pasas meses en busca de trabajo y no encuentras nada, y de pronto recibes tres ofertas el mismo día. Estas son experiencias humanas comunes. Forman parte de la evidencia que existe para respaldar algunas de las teorías más intrigantes y difíciles de probar sobre la suerte; pero, para los discípulos de la aleatoriedad, no ilustran nada más que el funcionamiento previsible de las leyes de la probabilidad.

Como iconoclastas de la suerte, los partidarios de la aleatoriedad siempre se encuentran en posición de sofocar los elegantes incendios poéticos de otras personas. Un golpe de suerte siempre es sorprendente y misterioso para el hombre o la mujer que lo experimenta, y a menudo da pie a la especulación religiosa, ocultista o psíquica. Pero la teoría de la aleatoriedad demanda a sus discípulos sofocar la especulación doquiera que la encuentren. Nunca he conocido a uno que de verdad dijera «tonterías», pero siempre puedes escuchar ese pequeño comentario desdeñoso en el fondo de lo que dicen, como el recuerdo de una distante campana escolar que suena mientras estás divirtiéndote en la calle. Inevitablemente, esta posición filosófica es una cualidad un tanto irritante entre los partidarios de la aleatoriedad, como una falta de alegría y brío. Siempre tienen que decir «No es tan interesante como parece».

A veces, esta valoración, «no es interesante», es puramente subjetiva. La misma situación puede parecerles bastante interesante a otras personas desde otros puntos de vista, y muchas creen tener buenas razones. Por ejemplo, considera la mala suerte que sufrió Marie-Thérèse Nadig, una esquiadora suiza en las Olimpiadas de Invierno de 1976 en Innsbruck, Austria. Ella era una de las esquiadoras más sobresalientes en esa reunión estelar, ganadora de muchos premios, con excelentes oportunidades de ganar medallas en descenso y *slalom*. Debido a lo que pareció una excesiva mala suerte, volvió a casa con las manos vacías.

Poco antes de llegar a Innsbruck, Marie-Thérèse Nadig perdió un amuleto de la suerte que llevaba consigo desde hacía mucho tiempo, un pequeño par de esquíes dorados cruzados. Solo era una baratija, y fuera de las razones sentimentales y quizá supersticiosas, no tenía ningún valor. Algunos de sus amigos estaban preocupados por la pérdida. Ella dijo que no lo estaba.

Al llegar a Innsbruck, con planes de practicar todos los días, fue golpeada rápidamente por la mala suerte en la forma de gripe. Tuvo que pasar días en cama.

También tuvo dificultades para levantarse pocos días antes de la carrera cuesta abajo y fue a las pendientes para practicar. Más mala suerte. Resbaló y tuvo una torcedura en el hombro de gravedad tal que la obligó a retirarse de esa carrera.

Todavía quedaba el *slalom*. Comenzó a bajar por la colina, aparentemente en buena forma. De pronto, la agarradera de uno de sus bastones se desprendió. Con valor admirable, intentó terminar la carrera, pero era una pista difícil incluso para un esquiador con ambos bastones. Con uno solo, era imposible.

Los entusiastas del deporte, como los apostadores, los adictos a los melodramas y otros de la misma especie, se preocupan notablemente con el papel de la suerte en el éxito o fracaso y tienden a hablar de ella en términos místicos. Muchos en Innsbruck, así como muchos televidentes en Estados Unidos, sintieron que las fuerzas del destino se habían confabulado en contra de la desafortunada esquiadora suiza por propósitos desconocidos (quizá con el fin de otorgarles buena suerte a las otras mujeres que ganaron esas dos carreras). Desde luego, no había evidencia de que este fuera el caso, pero la especulación convirtió la historia de Nadig en algo más atractivo, y de algún modo más preciso.

Uno de los partidarios de la aleatoriedad que conocí en una fiesta, un ingeniero estadounidense que trabajaba en una fábrica de latas, le puso a la historia la etiqueta oficial de la aleatoriedad con mucho malhumor: «No es interesante». Señaló que había una epidemia de gripe en la villa olímpica en ese momento, así que no era de sorprender que cierta esquiadora suiza estuviera entre los infectados. Especuló que el siguiente evento de mala suerte, el hombro torcido, bien pudo ser resultado de la debilidad y falta de estabilidad generales, consecuencia de la enfermedad. Así, la gripe y la lesión del hombro deberían considerarse un golpe de mala suerte, no dos. En cuanto al bastón de esquí:

—Bueno, las cosas siempre se rompen. ¿Qué tiene eso de asombroso?

En realidad no pudo probar que no era interesante. Solo sintió que así era. Sin embargo, en algunos casos la teoría de la aleatoriedad llega a probar de forma matemática que cierta historia es menos asombrosa de lo que parece. Hay ciertos tipos de coincidencias, aparentes golpes de suerte y otras situaciones en las cuales nuestro sentido común nos engaña muchísimo. Las situaciones parecen del todo improbables, o violan las leyes de la probabilidad, pero de hecho las leyes siempre funcionan a la perfección. Las situaciones tienen más probabilidades de ocurrir de lo que creemos.

Por ejemplo, cuando estaba en el ejército, se les indicó a los ciento y pico de hombres en mi unidad formarse de acuerdo a su fecha de nacimiento, comenzando del primero de enero hasta terminar con el 31 de diciembre. No recuerdo el argumento que se dio para este ejercicio, pero produjo lo que consideré un resultado interesante. Para nuestra sorpresa, otros dos hombres y yo descubrimos que habíamos nacido en la misma fecha en tres años consecutivos: 28 de junio de 1927, 1928 y 1929. Durante el siguiente par de meses, nos pusimos en modo místico al respecto, bebimos muchas cervezas juntos y filosofamos sobre la vida, la muerte, el destino y otras cosas grandiosas. Uno de mis pares de cumpleaños tenía una novia que era astróloga, y potenció el asombro al augurar que nos había reunido un poder invisible. Mientras nuestra unión mística no se rompiera, proclamó, ese poder nos guiaría hacia la buena suerte.

Bueno, tal vez. Pero una reflexión más madura hace evidente que la unión de los tres pares de cumpleaños bajo esas circunstancias estaba lejos de ser sorprendente; de hecho, era de esperarse. Los años consecutivos, en primer lugar, carecían por completo de misterio. Los cien miembros de esa unidad eran hombres jóvenes, apenas mayores de 18 años, y muy pocos mayores de 20. Casi todos habíamos nacido entre 1926 y 1930.

Esto en cuanto a los años. Respecto al mes y al día, 28 de junio, la aparente coincidencia solo fue una demostración de algo llamado la «paradoja de cumpleaños», con la cual los estudiantes de las leyes de probabilidad gustan confundir a la gente. No hace falta explicar aquí las matemáticas de la paradoja, pero resulta que reunir a gente con el mismo cumpleaños es mucho más probable de lo que la intuición o el sentido común nos dirían. Todo lo que necesitas es juntar a 23 personas y las probabilidades de que al menos un par de personas en el grupo tengan el mismo cumpleaños superan 50%. Con cincuenta personas las probabilidades a favor de ese resultado son mejores que treinta a uno. Con cien personas, las probabilidades son mejores que 3 millones a uno, lo que significa que el resultado es casi seguro.

Por lo tanto, en mi unidad de más de cien hombres, habría sido impactante no encontrar al menos dos de pares de cumpleaños. De hecho, según resultó, hubo otros tres pares además de nuestra triple coincidencia, que es justo lo que las leyes de probabilidad predecirían. Nuestro trío era más raro que un par, pero las probabilidades en contra no eran tan altas. En un grupo de cien, hay una probabilidad en tres de encontrar esta triple coincidencia.

Los partidarios de la aleatoriedad también cultivan una actitud relajada hacia las rachas de suerte, las cuales fascinan a todos los demás. Una *racha*, como se define en general, es una especie de coincidencia en la cual partes de suerte buena y mala se agrupan en una extensión de tiempo dada o en una secuencia de eventos ganar-perder. Todo el mundo experimenta tales rachas. Hay días en los que todo lo que tocas se vuelve oro, y hay otros en los que todo se vuelve... bueno, seamos educados y llamémosle polvo y ceniza. Si juegas bridge o póker, o algún otro juego de cartas, debes estar muy al tanto de que hay noches en las que recibes una mano estupenda tras otra, y hay otras noches en las que desearías mejor haber ido al cine.

Tales rachas exigen una explicación. Si hablamos de jugar bridge o póker por apuestas pequeñas o sin apuestas, las rachas carecen de importancia más allá de los límites del juego mismo. Si hablamos sobre apuestas de alto riesgo, inversiones o toma de decisiones de negocios, o las «fintas» y los «bloqueos» con los que luchamos a diario en busca de metas personales, entonces el fenómeno de las rachas adquiere una importancia tal que puede influir en el curso completo de una vida. Pero una racha es igualmente misteriosa ya sea que ocurra en un juego de bridge entre vecinos o en una apuesta desesperada con los ahorros de toda una vida.

¿Qué la causa?

La teoría de la aleatoriedad ofrece su usual explicación, en apariencia sensata y vagamente segura. ¿Rachas de suerte? Por supuesto. Cuando los eventos ocurren al azar, están obligados a amontonarse y reunirse aquí y allá. Ninguna playa es perfectamente plana. Los efectos aleatorios del viento, las olas y las mareas crean montículos de arena aquí y valles allá.

Incluso es posible hacer predicciones matemáticas sobre el grado y la frecuencia de tales agrupamientos. Si lanzas una moneda al aire suficientes veces, es de esperar que caiga sol más o menos la mitad de las veces. Entre más frecuentes sean los lanzamientos, más probabilidades tienes de acercarte a esa expectativa de 50% de casos de éxito que predicen las leyes de la probabilidad. Es el resultado esperado a largo plazo. Pero las leyes de la probabilidad no implican que los lanzamientos alternen con una regularidad perfecta, sol — águila — sol — águila. Por el contrario, las leyes predicen que habrá rachas de sol de vez en cuando, y también rachas de águila.

Si lanzas una moneda 1 024 veces, dice el profesor Weaver, puedes esperar que haya una racha en la que caiga águila arriba ocho veces seguidas. No hay garantía de que esto ocurra, las estadísticas solo dicen que hay más probabilidades de que ocurra de las que hay de que no ocurra. En otras palabras, si apuestas a que ocurrirá, es probable que ganes. De forma similar, en la misma serie de 1024 lanzamientos, las probabilidades estarán de tu lado si apuestas a que habrá dos rachas de siete águilas seguidas, cuatro rachas de seis seguidas, y ocho rachas de cinco seguidas.

Las mismas leyes aplican a cualquier otra situación aleatoria de tipo un-modo-u-otro o sí-no; por ejemplo, el viejo y glamoroso juego de la ruleta. Hay docenas de formas diferentes de apostar en una ruleta, pero tres tipos de apuestas son similares a apostar lanzando una moneda. Puedes apostar al rojo o al negro, a números pares o impares, o a números altos o bajos (1-18 o 19-36). Estas se llaman «apuestas seguras». Si apuestas un dólar y ganas, recibes otro dólar y así duplicas tu dinero. Algunos jugadores de ruleta saltan de un tipo de apuesta a otro, pero la clase más típica de jugador elige una opción de apuesta durante una noche dada —a menudo como resultado de una corazonada mística o un presagio— y se aferra con tenacidad a la misma apuesta. Por ejemplo, él o ella pueden apostar todas las veces a números pares. Si apuestas de ese modo, es obvio que esperas que haya rachas de números pares durante el tiempo en que tú y tu dinero están en la mesa.

Las leyes de probabilidad dicen que debería haber rachas de pares, y de hecho las hay (y rachas de impares y de rojo y de todo lo demás también). En una ocasión, en Montecarlo, los pares salieron 28 veces al hilo. De haber estado ahí esa noche, haber comenzado a apostar un dólar a los pares y haber dejado que el dinero fluyera, de modo que se duplicara cada vez, después del vigésimo octavo giro de la rueda habrías terminado con poco más de 134 millones. Los límites que imponen las casas sobre los tamaños de las apuestas hacen prohibitivo dicho procedimiento, pero igual es agradable soñar al respecto.

No obstante, de haberte quedado en la mesa para el vigésimo noveno giro, lo habrías perdido todo, incluido tu dólar original. Uno llora al pensar en ello, y eso ilustra un inconveniente de la teoría de la aleatoriedad: es capaz de indicar en términos generales qué esperar, pero no cuándo.

La ley de la probabilidad puede decirnos que una racha de 28 números pares al hilo debería ocurrir alrededor de una vez cada 268 millones de giros de una ruleta, pero esa información solo proporciona ayuda limitada cuando te sientas a apostar. No es posible saber cuándo ocurrirá esa racha. Es prácticamente seguro que ocurra de nuevo en alguna ruleta, en alguna parte, algún día si la gente sigue jugando a la ruleta lo suficiente, pero nadie sabe si ocurrirá este año en Las Vegas o dentro de un siglo en algún casino que ni siquiera existe. Más aún, si una racha de números pares comienza y se extiende a cuatro, cinco o seis al hilo, no hay modo de saber cuándo parará. ¿Estás al principio de una racha de 28, y por lo tanto deberías dejar tu dinero en la mesa? ¿O la racha parará en seis, y deberías tomar tus ganancias e irte?

¿Cuándo deberías comenzar a apostar y cuándo tendrías que parar? ¿Cuánto durará la racha de suerte? La teoría de la aleatoriedad no tiene respuestas que ofrecer, sino que admite su total impotencia frente a estas preguntas.

En este sentido, la suerte es un elemento inmanejable para la teoría de la aleatoriedad: inmanejable tanto en los juegos de azar como en el asunto más serio de vivir (que por sí mismo es un enorme juego de azar). La teoría es capaz de pronunciar las probabilidades a favor o en contra de un resultado dado, pero ahí se detiene, desconcertada. Cuando le dije a Martin Gardner que iba a escribir un libro sobre la suerte, sugirió que quizá no debería. El tema le resultaba demasiado «amorfo». A la luz de la teoría de la aleatoriedad, desde luego, lo es. La suerte simplemente es algo que ocurre. No hay nada sensato que puedas decir o hacer al respecto.

Por esta razón, los apostadores profesionales, que todos los días lidian con la esencia destilada de la suerte, tienden a sentir que algo le hace falta a la teoría de la aleatoriedad. La mayoría de ellos sienten que es posible manejar el «elemento suerte» mejor de lo que esa teoría lo hace. La suerte para ellos es más tangible, más real: algo que tiene una existencia separada en vez de solo tratarse de una etiqueta para los resultados de eventos al azar.

Uno de esos hombres es Major A. Riddle, presidente del Club Dunes en Las Vegas. Hace algunos años, escribió un texto fascinante, *The Weekend Gamblers Handbook* (La guía para apostadores de fin de semana), y en él se quejó: «La suerte [...] es el único elemento que pocas veces ha sido incorporado en la teoría de las apuestas. Entender la suerte es una parte tan integral del juego como saber reducir las probabilidades en tu contra».

Su opinión de la suerte claramente difiere de la de los partidarios de la teoría de la aleatoriedad. Él ha estudiado esa teoría con cuidado, y en su libro presenta varios cálculos de probabilidad con los cuales ningún partidario de la aleatoriedad estaría en desacuerdo. Pero luego va más allá y habla sobre la suerte como una entidad separada. La ve como algo que podría darte ayuda adicional (o problemas adicionales) más allá de las probabilidades estadísticas.

Por ejemplo, él aconseja que «pruebes» tu suerte antes de embarcarte en cualquier aventura, ya sea un juego de apuestas o algo de mayor significado personal. Si entras a un casino, dice, deberías hacer algunas apuestas pequeñas «para ver cómo está tu suerte ese día». Si resulta que va bien, entonces haz apuestas más grandes.

Para un partidario de la aleatoriedad, esto es un completo disparate. El simple hecho de que una racha de suerte haya comenzado, dice esta teoría, no es indicación de que vaya a continuar. Cuando colocas tu siguiente apuesta, las probabilidades a favor y en contra de ti son exactamente las mismas que siempre, tanto si esa apuesta haya sido precedida o no por una racha de suerte en apuestas previas. Por lo tanto, hablar de «probar» suerte es tonto.

Pero a Major Riddle no le parece tonto, ni a muchos otros apostadores, especuladores de inversiones y a quienes corren riesgos en general. Riddle insiste en que la suerte es una fuerza misteriosa que, de algún modo (él no sabe cómo) mejora o reduce las probabilidades a favor de una persona en particular a lo largo de un periodo dado. Hay personas que creen saber cómo, pero Riddle es modesto y no ofrece teorías sobre este aspecto. Él solo dice que las rachas de suerte, cuando llegan, pueden verse por adelantado y manejarse dentro de ciertos límites.

Él cuenta la historia de un vendedor de periódicos que entró una noche al Dunes con 20 dólares en el bolsillo e hizo algunas apuestas pequeñas en una mesa de dados. Ganó las apuestas. Para Riddle, quien estaba de pie a su lado, se trataba de una señal de que la suerte del vendedor de periódicos era alta esa noche. En la jerga de los apostadores, el hombre estaba «enrachado». Por consiguiente, Riddle le aconsejó hacer apuestas cada vez más grandes. El vendedor de periódicos siguió enrachado y comenzó a ganar. Así, se aprovechó la racha de suerte y se usó con éxito. Pero entonces surgió una nueva pregunta: ¿Cuándo se acabaría la racha? ¿El vendedor debía seguir apostando cantidades cada vez más grandes y arriesgarse a perderlo todo si la racha de suerte desaparecía de pronto? Riddle tuvo el presentimiento de que la racha comenzaba a extinguirse e instó al vendedor a retirarse. El hombre no quería hacerlo, pero su suerte era tan buena esa noche, según cuenta la historia Riddle, que la suerte misma resolvió el problema por él. Había bebido demasiado toda la noche y se desmayó.

Cuando se recuperó y se levantó tambaleante para desayunar a la mañana siguiente, Riddle le entregó sus ganancias: 21 265 dólares.

Los defensores de la aleatoriedad reconocen que tales aventuras pueden ocurrir e incluso con frecuencia, pero dudan sin pestañear que sea posible detectar las rachas de suerte por adelantado o manejarlas, como indica Riddle. Según su interpretación de la historia del vendedor, él habría ganado simplemente porque los eventos formaron un patrón favorable para él por casualidad. Nada «causó» esta formación. Nada hizo más probable que le ocurriera a él esa noche en vez de cualquier otra noche, ni fue más probable que le ocurriera a él y no a alguien más.

La idea misma de que alguien «esté enrachado» como indican los apostadores son perfectas tonterías para cualquier discípulo de la aleatoriedad. Cuando se dice que alguien está enrachado, se sugiere que esa persona tiene temporalmente una mayor tendencia a la suerte de lo normal. Pero la tendencia a la suerte de este tipo simplemente no existe en el universo de la aleatoriedad.

Harry Walden es un apostador crónico y casi un perdedor crónico. Tiene 55 años, nunca se ha casado, vive solo y dice que no le importa. Es un hombre bajito y delgado con una nariz grande y una sonrisa cautivante. Ha sido chofer de autobús, de taxi y de camiones, y vendedor de zapatos. De momento está desempleado. Eso está bien para él, ya que le permite tener más tiempo para visitar Yonkers, El Acueducto y otros hipódromos de Nueva York.

Harry no ha tenido mucho éxito en la vida, y lo extraño es que no le molesta decirlo. Un hombre así es poco común. Él cuenta su teoría con entusiasmo e incluso con cierta gracia. Es impecablemente generoso cuando tiene dinero y no se queja cuando no lo tiene. Se podría decir que es un hombre indiferente a la suerte. La ve ir y venir con algo de interés, pero sin involucrarse. Es razonable suponer que le importa, pero no lo parece. Para él, la vida está tan llena de aleatoriedad que no tiene significado ni propósito. En vez de intentar darle orden a la aleatoriedad o discutir con ella, él simplemente se encoje de hombros y cede ante ella. Se acoge a su misericordia apostando siempre que tiene dinero para apostar.

—Algunas las ganas, algunas las pierdes —comenta con entusiasmo—. He hecho algunas cosas estúpidas en mi vida. Estuve en prisión unas cuantas veces, una de ellas por robar dinero para pagarle a un corredor de apuestas, y también me han agarrado por ebriedad y por alterar el orden público un par de veces. Pero ya no bebo. Hace tres años un doctor me dijo «Harry, tienes dos opciones. O le pones el corcho a esa botella o no vas a llegar vivo al próximo año». Así que lo dejé de inmediato. Algunos de mis familiares me preguntan por qué no dejé los caballos también. Me dicen: «Harry, no seas payaso, si pudiste dejar de beber, también puedes dejar de apostar». Pero verás, yo no veo razón para dejar de apostar. Les digo: «Al diablo, no me está matando, ¿o sí? Sigo aquí, ¿correcto?». Correcto. Como yo lo veo, todos tienen derecho a disfrutar de su propia diversión inofensiva. Además, quizás un día gane a lo grande. Estoy muy seguro de que no me haré rico de otro modo.

Le pregunto a Harry si la razón por la que le gustan los caballos es porque los ve como una enorme esperanza de riqueza. Se ríe.

—¿Esperanza? No, no lo llamaría *esperanza* exactamente. Es algo que podría pasar, es todo. Si pasa, maravilloso, pero estaría en el manicomio si me sentara todo el tiempo a tener esperanza. La esperanza puede matarte, ¿lo sabías? No, yo solo lo tomo como viene. Algunos días tienes suerte. Como en aquella ocasión. Estaba en el hipódromo hace unas semanas. Todo el día estuve perdiendo. Iba a tirar la toalla, de verdad quería rendirme. No iba a tener dinero suficiente para comprar ni una lata de frijoles. En la quinta carrera, ya solo tenía mis últimos dos billetes. Hubo un cambio de jinetes. Sentí que ahí estaba la suerte, así que decidí apostarle a la posibilidad más remota, dos dólares por la victoria. Gané. Iba a tener algo de dinero. No mucho, pero algo. Entonces caminé por mis ganancias y, ¿qué encontré en el piso? Dos boletos ganadores por diez dólares al mismo caballo. Alguien los descartó por error. Ahora era una verdadera ganancia. Me fui con unos ochenta de los verdes en mi bolsillo. Esa noche, la suerte fue mi dama.

»Pero ahora te cuento de otras ocasiones. A veces gano bien, pero nunca gano a lo grande, y por eso casi siempre estoy quebrado. Tengo historial de apostar mi dinero al caballo equivocado en finales cerrados. La derrota milimétrica, esa es la historia de mi vida, y a mi alrededor veo a otros tipos ganar mucho y a veces incluso los ayudo a hacerlo. Es como si la suerte me atravesara y le diera al tipo justo a mi lado. Escucha, te contaré otra historia. Una noche fui a Yonkers. Jugué una apuesta doble, ¿correcto? Tenía una probabilidad de cincuenta a uno. Su nombre era *Sugar Hill Millie*, nunca olvidaré ese nombre. Le aposté a ella mi dinero, y allá iba. Final fotográfico. Nos hicieron esperar durante diez minutos. Al final resultó que mi caballo perdió. Estuve así de cerca de salir de allí con como seis mil dólares. Esa hubiera sido una buena noche. En vez de ello, me fui a casa con nada.

»Pero la historia no termina ahí. De camino a casa, me detuve por una taza de café en un comedor donde algunos de nosotros pasamos el rato. Ahí estaban un tipo y su esposa. Estuvieron en el hipódromo todo el día, pero perdieron un montón y se fueron temprano, seguros de que no era su día. El tipo se veía triste como él solo, como si nada de lo que hubiera hecho ese día saliera bien. Me vio entrar y me dijo «Oye, Harry, ¿viste la carrera doble? ¿Quién ganó?». «No preguntes», le dije, «estoy muy deprimido. Creo que fue el número siete». El tipo saltó y dijo «Santa madre, ¡ese es mi caballo!». Y agarró a su esposa, dejó su panqué en la mesa y se apresuró de vuelta al hipódromo. Ganó cinco mil dólares, este tipo. Estaba tan seguro de que iba a perder, que hubiera tirado sus boletos de no haber entrado yo en el momento justo.

¿Tiene Harry alguna teoría sobre la suerte? Ninguna.

—No tiene ningún sentido —asegura—. No hay forma de entenderla. Tienes a un tipo, alguien respetable, ¿correcto? Cuida a su abuela, paga sus impuestos, le compra flores a los veteranos de guerra. Si alguien toca a su puerta en busca de una limosna, le da un par de billetes. Luego tienes a otro tipo, le roba los zapatos a un bebé y los vende. ¿Quién gana? El tipo malo, tan seguido como el tipo bueno. Nah, no se le puede encontrar sentido a eso. Si alguna vez averiguas lo que significa la suerte, me lo dices.

De pronto Harry se ve taciturno. Pero su sonrisa regresa.

—Ah, al diablo con eso —dice—. Pierdes hoy, ganas mañana. Siempre hay un mañana, ¿correcto?

CAPÍTULO 2

LAS TEORÍAS PSÍQUICAS

El doctor Robert me miró a los ojos y me dijo que tenía un sistema infalible para ganar en la ruleta.

¿*Infalible*? Esa es una palabra fuerte. Le pregunté a Brier si lo decía en serio. Dijo que estaba seguro de ello. Incluso agregó otra palabra fuerte y llamó al sistema *inequívocamente* infalible. Él y un colega lo habían probado una y otra vez en casinos desde Las Vegas hasta Curazao, según dijo, y siempre salían con más dinero del que tenían al entrar.

Esto era extraño. Martin Gardner me había dicho, de forma igual de inequívoca:

—Nadie gana en la ruleta de forma regular a menos que el juego esté amañado y ellos sean parte de la trampa. Naturalmente, a los casinos les gusta mantener en pie el mito porque atrae a los jugadores.

Yo había estudiado toda clase de sistemas de ruleta inventados a lo largo de siglos y me había convencido, con la ayuda de Gardner y otros autores, de que ninguno podía funcionar. Muchos sistemas parecidos parecen plausibles y atractivos a primera vista, y debido a ello, muchos han sobrevivido por un largo tiempo. Algunos son capaces de reducir el riesgo de una pérdida grande, pero también disminuyen en igual proporción las posibilidades de una ganancia grande. Ninguno puede disminuir las probabilidades de la casa contra las que uno debe jugar. En esencia, todos los sistemas se parecen: tú ganas si tienes suerte.

No obstante, allí estaba el doctor Bob Brier, contándome una historia diferente. Brier es profesor de filosofía en el Colegio C. W. Post de la Universidad de Long Island. Es un hombre delgado de cabello rizado, entusiasta y energético de unos 30 años. Durante la mayor parte de su vida se ha interesado en la parapsicología: el estudio de los fenómenos psíquicos, o «psi», que afirman la existencia (aunque no la prueban) de poderes humanos, como la habilidad de leer los pensamientos de otros (telepatía), conocer el futuro (clarividencia o precognición), y mover o influir en objetos físicos mediante una fuerza mental directa (psicoquinesis). El sistema de ruletas «infalible» de Brier depende de la precognición.

¿Cómo funciona y cuál es el fundamento?

—Obviamente —comenta—, si pudieras leer el futuro de manera infalible, podrías ganarle a la ruleta de manera infalible. Si siempre supieras por adelantado que va a salir el rojo o el negro, podrías sentarte ahí felizmente duplicando y reduplicando tu dinero cada noche hasta llegar al límite de la casa. Sí hay personas capaces de predecir el futuro, pero ninguna puede hacerlo de manera infalible, y esa siempre ha sido una frustración mayor en la parapsicología. Los poderes psi de una persona en particular suelen trabajar de maravilla hoy pero no mañana. Cuando trata de adivinar resultados de cartas o ruletas, esta persona llega a acertar 10% por encima de la expectativa probabilística durante una serie larga de intentos, pero durante esa serie larga hay muchos periodos cortos donde los psi no funcionan. Están claros entonces los problemas que surgen cuando aplicas esto a las apuestas. Si esta persona te ayudara a jugar a la ruleta sin parar durante un mes completo, al final saldrías ganando. Pero ese enfoque no sería práctico. Necesitarías una gran reserva de efectivo para mantenerte en el juego en los días en que los psi fallen. Más importante aún, te aburrirías a muerte.

Esta dificultad fue el problema principal que el doctor Brier superó al construir su sistema infalible. En esencia, esto fue lo que hizo:

Buscó la ayuda de una estudiante, a quien solo identificó como H.B. Ella había demostrado con anterioridad un fuerte talento precognitivo para satisfacción de él y otros. Él le pidió hacer predicciones —rojo o blanco— en cincuenta giros de una ruleta en un casino específico, en una fecha y hora futuras específicas. Ella repitió este proceso un número de veces durante el transcurso de varios días, de modo que hubiera muchas predicciones para cada uno de los cincuenta giros. Entonces Brier registró el voto mayoritario de todas las predicciones en cada giro. Por ejemplo, al predecir el primer giro, ella previó el negro con más frecuencia que el rojo, así que registró la predicción como negro. De este modo, tenía la esperanza, se reduciría el problema de la falta de fiabilidad.

Entonces, en la fecha anunciada, fue al casino específico en Curazao con su amigo Walter Tyminski, un apostador compulsivo y presidente de Rouge et Noir, Inc., una compañía que publica textos y boletines sobre apuestas. Con las predicciones promediadas de H.B. en mano, Brier y Tyminski observaron la ruleta sin apostar durante varios giros. Las predicciones de H.B. mostraron una desviación aparentemente confiable de la simple expectativa probabilística. Por lo tanto, los dos felices jugadores comenzaron a apostar por el resto de los 50 giros, guiados, desde luego, por el resto de las predicciones. Al principio apostaron poco, y luego aumentaron la cantidad. Al salir eran considerablemente más ricos que cuando entraron. (Brier se niega a decir cuán ricos).

De existir, los poderes psi serían muy útiles para explicar la suerte. Pero el estudio de los fenómenos psíquicos es un negocio extraño. Sus partidarios quieren que se le clasifique como una ciencia (y así lo he clasificado yo aquí), pero las otras ciencias no desean entregarle una membresía completa de su club. A la fecha, lo mejor que se puede decir es que ganó una especie de membresía provisional de segunda clase.

Algunos físicos, biólogos y otros científicos piensan que los fenómenos psíquicos sí existen y la parapsicología es un campo de estudio digno. Otros creen que podría valer la pena, pero tienden a dudar de ella. Otros más piensan que es una forma de ocultismo disfrazada con ropas académicas. Y, por último, algunos opinan que son puras y simples sandeces.

El problema es que trata sobre fuerzas que no pueden medirse o describirse de forma satisfactoria; o al menos, todavía no. Peor aún, incluso si concedes que las fuerzas postuladas podrían existir, es muy difícil imaginar cómo funcionarían. Si H. B. puede sentarse en Nueva York y prever lo que hará una ruleta en

Las Vegas o Curazao el próximo mes, ¿cómo llega a su cabeza esa información?, ¿con qué forma de energía, transmitida de qué modo, a través de qué canales? Los parapsicólogos siguen intentando inventar respuestas, pero solo logran que las preguntas mismas suenen todavía más tontas.

Como Brier observó tristemente en la revista *Social Policy*, «La parapsicología es la ciencia que estudia fenómenos que no pueden explicarse desde dentro del esquema conceptual de la física moderna». Si existen los fenómenos psi, no hay nada en la ciencia moderna para explicarlos, al menos como la conocemos aquí, en Occidente. Algunas ciencias y filosofías orientales parecen tener más espacio para la posibilidad de las fuerzas psi. Pero para el científico occidental, que insiste en que los experimentos sean reproducibles y con su poderoso anhelo por una teoría sensata que explique cualquier efecto observado, los fenómenos psíquicos son un acertijo desconcertante; y, si concede o sospecha que existen, los considera una maldita molestia. Sería más feliz si desaparecieran y dejaran de molestarlo.

Parece poco probable que lo hagan. Por otro lado, también parece poco probable que ganen una aceptación completa en la comunidad científica o en el mundo en general, al menos en lo que nos queda de vida. La predicción más segura es que el debate sobre ellos continuará. Los parapsicólogos seguirán produciendo evidencia para mostrar que los supuestos fenómenos existen, y otros científicos seguirán derribando la evidencia.

Mucha de la evidencia producida a la fecha proviene de pruebas de laboratorio en las cuales la gente adivinaba qué cartas eran reveladas fuera de sus rangos de visión y escucha. El doctor Joseph Banks Rhine, un joven botánico, popularizó este enfoque de adivinación de cartas en la década de 1920 y más o menos inventó la ciencia de la parapsicología (antes de eso, el estudio de estos fenómenos había estado de manera clara en la categoría de «ocultismo»). Rhine y sus discípulos no dejaban de presentar maravillas humanas: gente que tenía la aparentemente misteriosa habilidad de «saber» aquello que no podrían saber mediante los cinco sentidos.

Cada parapsicólogo tenía su propia maravilla favorita. La de Rhine fue por mucho tiempo Hubert Pearce, un estudiante de adivinación. Rhine y Pearce jugaron con cartas de prueba especiales, 25 por baraja, cada una marcada con uno de cinco símbolos. Si no tenías talento para la percepción extrasensorial y hacías suposiciones al azar sobre el orden en que las cartas aparecerían, la probabilidad estadística sería que acertarías cinco veces por cada serie de 25. Pearce, por un tiempo, promedió cerca de 10 aciertos por serie y una vez incluso obtuvo un 25 perfecto. Las probabilidades de obtener ese puntaje perfecto mediante coincidencias aleatorias son microscópicas.

—No pudo haber ocurrido por pura coincidencia —insistió Rhine—. Por lo tanto, alguna otra fuerza debió influir, y por lo tanto debemos aceptar la existencia de fenómenos extrasensoriales.

Otros parapsicólogos presentaron maravillas todavía más asombrosas. Según el *Libro de Récords Mundiales Guinness*, la más asombrosa de todas fue la que presentó en 1936 el profesor Bernard Reiss de la Universidad Hunter, de Nueva York. Su preciada evidencia era una mujer de 26 años. En una sucesión de 74 series por una de esas barajas de 25 cartas, según Reiss, obtuvo un puntaje perfecto de 25, dos de 24 y un promedio general de 18.24. Las probabilidades en su contra de obtener ese puntaje promedio por azar, dice Guinness, se representan con un 10 seguido de setecientos ceros. Reiss, desde luego, hizo eco al doctor Rhine:

—No pudo haber ocurrido al azar, entonces...

«Entonces nada», clama un coro de otros científicos. El doctor Warren Weaver, el hombre de la aleatoriedad, está entre los que no se impresionan. Él nos recordaría las primeras dos leyes de la probabilidad: todo puede suceder, y por lo tanto, sucederá. Los altos puntajes de Hubert Pearce y otros, dice Weaver, pueden considerarse solo como rachas inusuales de suerte al azar. Weaver admite que las probabilidades en contra de tales rachas son enormes y que por lo tanto las series parecen «extrañas», difíciles de creer en términos de mera aleatoriedad. Pero él insiste en que la interpretación de la aleatoriedad no es más difícil de creer que la de Rhine.

Rhine tuvo que elegir entre dos interpretaciones «extrañas», y eligió arbitrariamente la que sentía que era más probable. Weaver cree que Rhine eligió mal.

—No puedo aceptar su interpretación.

Sin embargo, sería conveniente si Rhine tuviera razón. Si alguna vez se comprueba de manera concluyente que los fenómenos extrasensoriales existen, eso ayudaría bastante para explicar por qué algunas personas tienen más suerte que otras. Los hombres y las mujeres más afortunados, en este esquema conceptual, serían aquellos con las habilidades psíquicas más fuertes. Si pudieras leer la mente de otras personas, aunque solo fuera por momentos y no muy claramente, eso mejoraría muchísimo tu suerte en el póker, los negocios, el amor y al comprar un auto usado. Si pudieras saber partes del futuro, incluso de forma imprecisa, eso te volvería un ganador en Las Vegas y en la bolsa de valores. Te pondría en los lugares y tiempos correctos para mil empresas, desde encontrar trabajo hasta comprar un boleto de lotería. Si pudieras influir sobre objetos físicos con poderes mentales directos, aun de manera torpe, eso también tendría un valor incalculable. Podrías controlar el giro de los dados o cómo barajan las cartas; quizá no todo el tiempo y quizá no con exactitud, pero lo suficiente como para aumentar las probabilidades a tu favor. Podrías poner tu boleto de lotería en la parte superior del barril con tu voluntad para salir premiado. Podrías desviar un carro que de otro modo te atropellaría. Podrías…

Oh, bueno. Tales nociones son bellas fantasías, pero es mejor no dejar que le quiten peso a nuestro escepticismo. Como muchos científicos han señalado sin contemplaciones, una característica sobresaliente de toda la investigación psi es que hay muchas fantasías detrás de ella. Se ocupa de poderes que todo ser humano desearía tener. Sin duda, estos deseos revolotean en las cabezas de los parapsicólogos como lo hacen en todos los demás.

Aun así, mucha de la evidencia apunta a la posibilidad de que Rhine eligió la alternativa correcta. Personas como los doctores Rhine y Brier no son idiotas, después de todo. Si nos dicen que algo existe, es mejor escuchar con atención antes que tratar de sacar nuestras propias conclusiones. Escuchemos lo que ha averiguado su investigación.

Las modas en el campo de la investigación psíquica parecen ir y venir. La popularidad de las tres teorías básicas —sobre la existencia de la telepatía, la precognición y la telequinesis— sube y baja con el paso de las décadas. Muchos investigadores creen en las tres, pero otros solo en una o dos. Por ejemplo, a algunos les resulta más aceptable tragar la idea de la telepatía que las otras dos, ya que parece más fácil imaginar cómo podría funcionar la telepatía. Si H.B. puede leer mi mente, es algo extraño, pero no tan raro como la idea de que sea capaz de ver el futuro. La telepatía no parece violar demasiado las leyes físicas conocidas. Mi mente aquí, después de todo, es un gran revoltijo de cosas que (para mí) simplemente existe. Siento sus matrices y sinapsis zumbando y chasqueando. Puedo suponer que genera alguna clase de energía y concebir que una fuga o eco de esa energía tal vez lleguen a alcanzar la mente de H.B. Por lo tanto, la noción de la comunicación mente-a-mente ha dominado la investigación psi en algunos periodos y, de hecho, fue la noción con la que Rhine y Pearce comenzaron sus históricos juegos de cartas.

No obstante, hoy día el campo está dominado por estudios sobre la precognición. Esta ha sido la moda desde principios de la década de 1960. Clarividentes notables como Jeane Dixon, quien aseguraba haber previsto grandes golpes de mala suerte nacional como el asesinato de los hermanos John y Robert Kennedy, lograron acaparar no solo la imaginación del público, sino la de la comunidad de investigadores psi. Para hacer este capítulo tan agradable como razonablemente breve, nos enfocaremos en especial a los estudios de la precognición. Lo que se diga de la precognición también aplicará con mucha precisión a las otras dos teorías psíquicas.

Hay muchos grupos en Estados Unidos y el mundo que estudian la precognición y otros fenómenos psi. Aunque parezca raro, algunos de los más importantes (y también algunos de los más extraños) se encuentran en el país más tercamente materialista: la Rusia soviética. Es probable que el más destacado y respetado en Estados Unidos sea ASPR, la Sociedad Estadounidense para la Investigación Psíquica. Sus publicaciones enumeran a muchos pensadores famosos como miembros presentes y pasados, e incluyen a Sigmund Freud. Se encuentra en un edificio oscuro, silencioso y, algo muy apropiado y fantasmal, típico de la ciudad de Nueva York, cerca de Central Park. El director de la investigación es el doctor Karlis Osis, un hombre alto y delgado que nació en Letonia y habla con un inglés académico y con mucho acento.

Osis está interesado en todos los aspectos de la investigación psi, pero en particular en la precognición.

—Me intrigan los ganadores de lotería —me comentó—. Recientemente se investigó esto, y parece que, en muchos casos la precognición podría desempeñar un papel. La persona camina por la calle, sin pensar para nada en loterías, y entonces llega una corazonada repentina: «Debo ir a esta tienda y comprar un boleto de lotería. El boleto ganará». La persona compra el boleto y gana. Esta parece ser una situación bastante común.

Lo es, y hay muchas historias extrañas que contar. Robert Bronson, de 23 años, se sintió seguro de que ganaría una lotería especial navideña en Maryland hace algunos años. Compró algunos boletos, aunque estaba casado y tenía un hijo, y apenas ganaba lo suficiente para pagar las cuentas. Su esposa se molestó cuando llegó a casa con los boletos, pero —como dijo Bronson más tarde a los reporteros— él se sentía curiosamente tranquilo. Un boleto tenía repeticiones del 7, que considera su número de la suerte. Se sintió inexplicablemente seguro de que ese boleto ganaría. Comenzó siendo premiado con 500 dólares y calificó para ingresar a un sorteo final, que se llevó a cabo en un auditorio de Baltimore.

Justo antes de que el nombre del ganador fuera anunciado, Bronson se puso de pie. Fue como si hubiera escuchado su nombre. La gente se le quedó viendo en silencio. Entonces se pronunció un nombre, y era el de Bronson. El premio fue de un millón de dólares.

Al doctor Osis le encantan las historias como esa. Incluso le atraen más las que tienen múltiples ganadores de lotería, hombres y mujeres que ganan a lo grande con más frecuencia de la que parece justa.

—Tales personas podrían tener un fuerte talento precognitivo —dice él—. El que lo usen o no conscientemente podría ser la razón básica para lo que todo el mundo llama «buena suerte».

Llegar a esta conclusión es ciertamente algo tentador. Si ganas una vez, podrías concluir, solo es el tipo de suerte del doctor Weaver. Pero si ganas más de una vez, mucho más a menudo que otras personas, deberías preguntarte por qué eres tan favorecido. Considera a Randy Portner, por ejemplo. Él vive en Roma, Nueva York. Tiene 21 años y comenzó a jugar a la lotería estatal cuando tenía 18. A la fecha, ha ganado premios en 19 ocasiones.

Muchos de los premios eran relativamente pequeños: 25 o 100 dólares. Pero uno fue de 50 000 y otros fueron más que tener cambio en el bolsillo, y Randy Portner es hoy día extraordinariamente rico para alguien tan joven. Podría ser más rico, pero la lotería estatal de Nueva York fue suspendida mucho tiempo hasta resolver investigaciones sobre supuestos malos manejos.

—No puedo explicar por qué gano tan a menudo —me aseguró—. Compro boletos con bastante regularidad, pero no más que muchas otras personas que conozco, y ellas nunca han ganado un centavo. Comenzó cuando salí de la preparatoria y entré a trabajar a una tienda de víveres. Vendían boletos en esa tienda, y los compraba en las semanas en que tenía algo de dinero de sobra y me sentía afortunado. Es gracioso, eso de sentirse afortunado. Algunas semanas sentía que no serviría de nada comprar boletos. Estaba seguro de que perdería, casi como si supiera que no había boletos ganadores en la tienda. Otras semanas, tenía esta sensación de que había un boleto ganador ahí en alguna parte, así que tomaba algunos y los compraba, y muchas veces ganaba algo. Era una locura. Como dije, en realidad no puedo explicarlo. Otros chicos compraban boletos perdedores todo el tiempo y venían a preguntarme, «¿Por qué nunca gano?» ¿Qué podía decirles? No sabía el por qué.

Randy Portner parece dudar de su talento predictivo, si es que lo tiene. Osis, desconcertado por este y otros casos similares, tiene menos dudas.

—¿De qué otro modo —se pregunta—explicarías por qué algunas personas nunca ganan nada (nunca, nunca), mientras que otras ganan docenas de veces o más? No puedo creer que solo sea coincidencia.

Osis también está interesado en el papel de la precognición para evitar accidentes. Se ha escrito mucho material interesante sobre este tema, así como un montón de tonterías. Todo parece haber iniciado con el hundimiento del trasatlántico *Titanic* en 1912. Más de 1500 vidas se perdieron. Durante los meses siguientes, los editores de diarios y revistas publicaron historias de gente que pudo haber estado a bordo pero, por alguna razón, no lo estuvo. El titular estándar rezaba: «Un (espacio en blanco) me salvó». Llena el espacio en blanco con la que prefieras de las siguientes palabras o frases: sueño, corazonada, accidente afortunado, adivino, visión en la iglesia, ruego de un niño, perro. Desde entonces, los desastres mayores han sido una señal para los editores de que un nuevo montón de historias similares debían desenterrarse; o, de ser necesario, inventarse. El problema con estas historias es que se cuentan después, y no antes del desastre que fue supuestamente previsto o eludido, y pocos relatos similares se documentan de manera adecuada.

La doctora Louisa Rhine, esposa del parapsicólogo, fue por muchos años una ávida coleccionista de relatos sobre predicciones de desastres. Estaba convencida de que al menos algunas personas, al menos a veces, tienen la habilidad de percibir que la mala suerte las acecha y son capaces de eludirla. En *Hidden Channels of the Mind* (Canales ocultos de la mente), contó la historia de una madre que despertó una noche luego de un extraño sueño. La madre vivía en una vieja casa desvencijada, y en el sueño vio que la casa era sacudida por una tormenta violenta. La sacudida aflojaba un viejo y pesado candelabro y este caía sobre su bebé, quien dormía en una cuna debajo de él.

No había tormenta en el exterior cuando la madre despertó de este aterrador sueño. De hecho, la noche estaba despejada y tranquila. No obstante, fue donde estaba su bebé y quitó la cuna de debajo del candelabro.

Historias como esta nunca son satisfactorias porque desde el principio ya se sabe cuál será el final. Más tarde esa noche, no hace falta decirlo, una repentina tormenta azotó la vieja casa y el candelabro cayó.

Se puede asumir que Rhine revisó sus fuentes con el cuidado apropiado y se convenció de que la historia de la madre, aunque carente de documentación o cualquier posibilidad de ser documentada, era verdadera. Aun así, tales relatos siempre te dejan preguntándote: «¿Esta historia de verdad prueba que ocurrió un sueño premonitorio?».

Tal vez el candelabro sí cayó del modo descrito, y tal vez la madre sí movió la cuna justo a tiempo para evitar un desenlace desafortunado. Pero quizá la movió por una razón diferente a haber tenido un sueño premonitorio. Más tarde, cuando vio el pesado candelabro en el suelo e imaginó lo que pudo haber pasado, un horror absoluto la empujó hacia un estado emocional en el cual no pudo distinguir entre el pasado y el presente, los hechos y la fantasía. Tal vez el sueño jamás ocurrió, salvo posteriormente, mientras estaba despierta.

Quizás uno de los problemas es que la mayoría de nosotros quiere que este tipo de historia sea verdad. Lo deseamos tanto que a veces dejamos de ser críticos. Y deseo que la historia sea verdad por al menos dos razones: en primer lugar, aunque no es perfectamente satisfactorio, se trata de un relato bien ordenado acompañado por un pequeño y lindo escalofrío; en segundo lugar, me lleva a tener la esperanza de que también yo podría tener talentos premonitorios desconocidos y podría usarlos inconscientemente en ocasiones. La historia me permite especular que estoy más aferrado a creer en la buena suerte de lo que creo.

Aunque Osis no tiene problemas para aceptar estas historias como verdaderas, reconoce que el problema de la documentación es grave. Es casi imposible de resolver. Él conoce a un parapsicólogo que intentó solucionarlo con lo que parecía un enfoque ingenioso. Se trataba de un enfoque llanamente estadístico que pudo haber generado evidencia bastante creíble... si tan solo hubiera funcionado.

El parapsicólogo razonó así: «Si, como suponemos, hay muchas personas con poderes psi conscientes o inconscientes, entonces debería haber muchas personas que eviten subir a un avión que se va a estrellar. ¿Esto puede demostrarse y cuantificarse? Posiblemente. Todo lo que necesito hacer es ir a las aerolíneas y ver sus registros de cancelaciones de asientos y ausencias. Si un avión está por estrellarse, debería haber un número de pasajeros que no abordan o que no llegan a tiempo. Ese número debería ser mayor en promedio que en el caso de un avión que no está a punto de estrellarse».

¡Brillante! Por desgracia, esta investigación nunca se realizó. Las aerolíneas a las que contactó sintieron que el estudio sería malo para su imagen pública.

Margaret Mudrie, ama de casa de 51 años, es amistosa y le gusta charlar. Proviene de Surrey, Columbia Británica, y habla con los ritmos claros aunque extrañamente acentuados (para oídos estadounidenses), y que suena vagamente extranjero, del oeste de Canadá. Ella se considera a sí misma afortunada en general, pero siente que su suerte es más periódica que constante.

—Va y viene —comenta—. De vez en cuando recibo una especie de destello. No puedo describirlo bien, pero... bueno, es una suerte de sensación rápida que me indica hacer algo o ir a algún lugar. Como un impulso repentino. No ocurre con mucha frecuencia, pero cuando llega, sé qué hacer. Me ha acompañado por mucho tiempo, viene y va. En general me ha ayudado a ser afortunada. Tenemos una buena vida, mi familia y yo.

Su esposo es un excavador.

—Cava agujeros; grandes, pequeños, como los prefieran.

Tienen siete hijos, de los cuales cuatro están casados. Los más jóvenes todavía viven con ellos pero son autosuficientes, así que, en ocasiones, Margaret Mudrie y su esposo se van de vacaciones por una semana. Durante el invierno les atrae Nevada, en parte debido al clima cálido y en parte por las apuestas.

—Me encanta jugar en las máquinas tragamonedas —asegura—. Me han dicho que las probabilidades son malas, pero de todos modos me gusta jugar. Para mí es divertido.

Tiene razón. Las probabilidades son malas. De hecho, las probabilidades en contra del jugador son mayores en las tragamonedas estándar que en casi todo el resto del jardín de delicias riesgosas de Nevada. Ningún partidario de la aleatoriedad que haya estudiado la ingeniería de la probabilidad de esas máquinas ruidosas y poco elegantes se acercaría a ellas. Sin embargo, Margaret Mudrie no es partidaria de la aleatoriedad.

El 22 de enero de 1976, el segundo día de sus vacaciones de invierno, ella y su esposo llegaron a Reno y entraron al Club Harolds, famoso por su insistencia en escribir su nombre sin apóstrofo. La recibieron filas y filas de máquinas tragamonedas.

—Había muy pocas ocupadas, así que pude haber elegido casi cualquiera. Pero caminé directo a la máquina que parecía… no sé, parecía atraerme. Fue espeluznante. No dudé al respecto. *Sabía* que era la máquina en la que debía jugar.

Era una máquina que recibía dólares de plata. Margaret Mudrie insertó nueve de ellos y recuerda haberse sentido algo desconcertada cuando simplemente se las tragó sin decir gracias. Pero con su décimo dólar, se ganó un premio que hizo historia.

La máquina era del tipo llamado «tragamonedas de botes progresivos». Dentro de este magnífico invento hay dos medidores o contadores que se mueven independientemente uno del otro. Cada medidor muestra un número que expresa el tamaño potencial de un premio. Cada vez que alguien mete una moneda en la ranura y jala la palanca operadora, un medidor o el otro hacen un conteo ascendente e incrementan su número. Cuando ganas un premio, se golpea al azar un medidor y recibes la cantidad que contaba en ese momento. Ese medidor regresa entonces a su configuración original, generalmente de 5 000 en las máquinas de dólar, mientras que el otro medidor continúa el conteo ascendente como si nada hubiera pasado. En una máquina como esta, un medidor podría ser golpeado muchas veces a lo largo de los años antes de que se golpee el otro. Obviamente, la esperanza dorada del jugador es golpear un medidor que haya realizado un conteo ascendente ininterrumpido por un largo, largo tiempo.

Eso fue lo que hizo Margaret Mudrie. Nadie había tocado ese medidor en años. Su premio fue el más grande jamás pagado por una máquina tragamonedas de dólar en toda la larga historia del Club Harolds. Volvió a su casa en Canadá con 113 232 dólares.

CAPÍTULO 3

LA TEORÍA DE LA SINCRONICIDAD

Ya observamos que las coincidencias lo prueban todo y nada. No obstante, quizá nos resulte esclarecedor observar un par más de ellas en este punto. Luego de verlas, las analizaremos bajo la luz de una tercera teoría científica respecto al funcionamiento de la suerte.

Esta tercera teoría ha recibido diversas etiquetas por parte de quienes la propusieron. Algunos la han llamado *sincronicidad*, algunos *serialidad* y algunos *el efecto de agrupamiento.* Para evitar confusiones, nos decidiremos por una: sincronicidad.

La sincronicidad no es más respetada por la ciencia (por decirlo amablemente) que la teoría de la aleatoriedad o las teorías psíquicas. De hecho, la mayoría de los partidarios de la aleatoriedad argumentarían que la teoría de la sincronicidad no tiene lugar en esta tríada de intentos «científicos» para explicar la suerte. Ellos presionarían por cambiarla a la categoría de intentos «ocultistas» o «místicos».

Para ellos, esto sería un descenso de categoría. Para los creyentes de lo místico o lo oculto, por el contrario, sería un ascenso. Para mí, por ahora, es probable que no sea ninguna de esas opciones. Solo sería un cambio de categorías que no estaría acompañado ni por unas orejas de burro ni por una medalla. Elegí incluir la sincronicidad en la tríada «científica» porque, a pesar de sus ocasionales matices místicos, básicamente tiene una apariencia «cientificista» pragmático-occidental.

Sus discípulos la explican, o hacen su mejor esfuerzo por explicarla, más en términos de física, matemáticas y otras ciencias respetadas que en términos de lo místico.

Veamos qué podemos averiguar.

La primera historia de una coincidencia de la que quiero hablarte me la contó Clarence Kelley, director del FBI. Es espeluznante. Muchos de los hombres y las mujeres que trabajan en los cuarteles del FBI en Washington la conocen bien, en particular aquellos que están en la sección de identificación donde hay archivadas unas 160 millones de huellas digitales. Les cuentan la historia a los visitantes que preguntan por qué el FBI gasta tanto tiempo y esfuerzo en esas pequeñas firmas entintadas de dedos y pulgares.

Tuve que hacerle esta pregunta a Kelley en el transcurso de una charla informal sobre el FBI y sus temores y esperanzas. Él es un hombre grande y genial de 60 años y pico, con un rostro agradable, cuadrado y flácido. Cuando pregunté sobre las huellas digitales, sonrió con la sonrisa de quien ama una buena historia, se reclinó en su silla, encendió un cigarro y dijo:

—¿Has escuchado sobre Will West?

—No.

Era obvio que Kelley estaba encantado de que jamás hubiera escuchado sobre Will West, y procedió a contarme la historia. La investigación criminal empezó a convertirse en una ciencia, según dijo, a principios del siglo XIX. Una identificación positiva fue un problema con el que la policía y los científicos forenses se enfrentaron a lo largo de todo el siglo. Si al investigar un crimen encontrabas a un testigo quien decía que un tal Joe Smith estaba en la escena en ese momento, ¿cómo podías saber con certeza si el testigo tenía razón? Si un oficial de policía da un paso al frente y dice: «Sí, yo conozco a este Smith, es un criminal con antecedentes, lo he arrestado antes», y si Smith niega siquiera saber cómo luce el interior de una estación de policía, ¿cómo averiguas la verdad?

Lo que esos criminólogos del siglo XIX querían era un método de identificación a prueba de coincidencias. No basta con decir «Reconozco esta cara», porque muchas caras se parecen. Tampoco es ajeno a la experiencia policiaca lidiar con dos hombres o mujeres que no solo lucen y se visten igual, sino que sus voces se parecen, tienen las mismas iniciales y son tan parecidos en muchos aspectos que incluso el testigo más agudo es engañado. Y, por ende, los criminólogos se preguntaron: ¿Hay algún rasgo o conjunto de rasgos que sea único en cada ser humano? ¿Algo con tan pocas probabilidades de ser duplicado que el elemento de coincidencia se descartaría de forma efectiva?

Un antropólogo francés, Alphonse Bertillon, ofreció una respuesta alrededor de 1870. El Sistema Bertillón, como se llamó, se basaba en la medición de las dimensiones del cráneo y algunas otras partes óseas del cuerpo. Miles de mediciones hechas por el propio Bertillon, y cientos de miles más por agencias de policía en las últimas tres décadas del siglo, parecían indicar que este era el tan anhelado conjunto de rasgos únicos. Las mediciones Bertillón de dos personas, así fueran de gemelos, jamás eran iguales cuando se medían con la precisión suficiente. Más aún, el sistema Bertillón demostró que las mediciones de un hombre o mujer específicos podían reducirse a una fórmula que permanecía inmutable una vez que se alcanzaba el tamaño adulto.

Will West entró al relato en 1903. Su aventura marcó la muerte del Sistema Bertillón y terminó en la aceptación general de la identificación moderna mediante huellas digitales.

West, condenado por un delito grave, fue enviado a la penitenciaría federal de Leavenworth, Kansas. Al preguntársele sobre si tenía antecedentes penales, negó tenerlos. Sabía que los reincidentes eran tratados con menos gentileza y tenían menos probabilidades de obtener libertad condicional anticipada que los delincuentes primerizos, y mantuvo férreamente que había sido un ciudadano obediente de la ley toda su vida hasta ese momento. Sin embargo, el oficial de registro que lo ingresó a la penitenciaría pensó que el rostro de West le era familiar. Por ello, el oficial sacó sus calibradores y tomó las medidas Bertillón de West. Luego, fue a un archivo que tenía un índice cruzado de acuerdo al Sistema Bertillón y buscó un conjunto de medidas que correspondieran con las de West. Triunfante, encontró uno. Sacó la tarjeta de archivo y el nombre que venía en ella era William West.

—Nunca habías estado en la cárcel, ¿eh? —dijo el oficial—. Esta tarjeta dice que mientes. No solo has estado en la cárcel, sino que estuviste justo aquí en Leavenworth.

—¡Nunca en mi vida había visto este lugar! —protestó West.

—De creerme eso —respondió el oficial— también voy a tener que creer que hay dos tipos que, además de tener las mismas medidas Bertillón, tienen el mismo nombre. No podría pasar ni en un billón de años.

—¡Acaba de pasar! —gritó West.

Ciertamente, acababa de pasar. Cuando por fin comenzaron a escuchar las protestas de West e investigaron un poco, descubrieron un cúmulo de coincidencias tan alarmantes que apenas podían creerlas. El segundo West había estado en Leavenworth por mucho tiempo y seguía ahí, medio olvidado, y cumplía cadena perpetua por homicidio. Cuando juntaron a los dos West, el parecido facial y físico resultó asombrosamente cercano, casi como si se tratara de hermanos gemelos. Si hoy día miraras fotos de los dos rostros, tanto de perfil como de frente, te sería imposible distinguirlos.

Alguien en Leavenworth estaba promoviendo la nueva idea de las huellas digitales en ese entonces, y vio este curioso caso como la oportunidad dorada. Tomó las huellas de ambos hombres, y ninguno de los conjuntos tenía el menor parecido.

Así fue como las huellas digitales se volvieron el método preferido de identificación criminal. Hasta ahora, ha demostrado ser a prueba de coincidencias. Nota la frase «hasta ahora». En realidad no hay garantías de que sea a prueba de coincidencias. No hay razón teórica del por qué debería serlo. El año próximo, o dentro de cien años, podrían aparecer dos personas con huellas digitales idénticas (de hecho, las dos primeras leyes de la probabilidad predicen que esto ocurrirá en algún momento). Pero hasta donde el FBI sabe, no se ha presentado tal caso en ninguna parte del mundo.

Para otra extraña historia, volvamos a los casinos y a la consideración de nuestro viejo acertijo, el tipo especial de coincidencia llamado *racha de suerte*. Y volvamos a más allá en el tiempo respecto al caso de Will West. Se trata del hombre que hizo saltar la banca en Montecarlo.

Había una canción popular con ese nombre en los «Felices noventa»,[1] y en ocasiones todavía se cantaba en las décadas de 1920 y 1930. Para entonces, la mayoría de quienes la habían escuchado asumían que solo era una canción, probablemente algún viejo musical de revista o acto de vodevil. Sin embargo, la naturaleza de la canción tenía más que ver, de hecho, con un reporte de noticias que con la ficción. En realidad hubo un hombre que logró hacer saltar la banca en Montecarlo, y no lo hizo una sino tres veces.

Debería comenzar el relato aclarando que este asunto de «saltar la banca» es, financieramente hablando, menos dramático de lo que suena. En términos generales se trató de un truco publicitario que lanzó el gerente de un casino que quería atraer a nuevos jugadores a sus mesas. «Saltar la banca» significaba ganar todo el dinero que la casa había asignado a una mesa, una cantidad que, dada la época en que la historia tiene lugar, por lo general rondaba los 100 000 francos franceses. Cuando un jugador hacía saltar la banca, esa mesa se cerraba por el resto de la noche y se cubría de forma ceremonial con una tela negra. Al día siguiente, desde luego, volvía a funcionar. El astuto gerente previó correctamente que los jugadores se arremolinarían en esa mesa en la creencia de que sería el centro de una racha de mala suerte para la casa.

[1] N. de la E. La década de 1890 en Estados Unidos.

Charles Wells, un inglés bajito, gordo y algo misterioso con un oscuro pasado como inventor *freelance* y especulador, se presentó en Montecarlo en 1891 con un par de cientos de francos en su bolsillo. Fue a una mesa de ruleta y comenzó a apostar al *rouge et noir*, al rojo y negro, una de las apuestas para duplicar dinero. Apostaba al negro algunas veces, luego cambiaba al rojo, entonces dejaba de apostar por algunos giros para luego volver a apostar. Estaba enrachado. Ganó prácticamente cada apuesta. Ante los ojos primero interesados y luego asombrados del *croupier*, el tipo ganó toda la noche.

No tenía un «sistema» aparente. A diferencia de muchos otros jugadores de ruleta, no llevaba una libretita negra con filas de números anotadas. No parecía tener una fórmula con la cual guiar su juego. Solo acertaba de forma simple y desconcertante. Era casi como si supiera cuándo habría una serie de negro, una serie de rojo, y cuándo pararían. Otros jugadores se reunieron a su alrededor, anotando frenéticamente en sus libretas, en un intento por descifrar cuál era su sistema secreto. Pero ninguno tuvo éxito, ni lo han tenido las pruebas que se hicieron con las mismas apuestas en el mismo orden.

El casino en Montecarlo, como los casinos en todas partes, impone límites al tamaño de las apuestas que aceptan. Al duplicar su dinero con cada victoria y dejarlo en juego, Wells pronto alcanzó el límite. Eso lo frenó un poco, pero no lo suficiente. Antes de que terminara la noche, había saltado la banca.

Dos noches después, volvió y se sentó en la misma mesa. Esta vez evitó las apuestas seguras. En su lugar, apostó a los grupos de números. En tales juegos, de los cuales hay docenas posibles y permitidos, las probabilidades en contra del jugador en cualquier giro dado son mayores que en las apuestas rojo-negro, de dinero doble, o *manqué passé*. Pero de ganar, la ganancia es, desde luego, proporcionalmente mayor. Mientras una multitud silenciosa y anonadada miraba, Wells procedió a saltar la banca una segunda vez.

Algunos meses después, el misterioso Wells volvió a presentarse. Esta vez, jugó el juego más difícil de todos: apostar a números únicos.

La vieja ruleta de Montecarlo exhibía los números del 1 al 36 más un «número de la casa», 0 (la rueda estadounidense moderna tiene dos números de la casa: 0 y 00). Así, de colocar dinero en cualquier número único en Montecarlo, tus probabilidades de ganar en cada giro son de 1 en 37. De ganar, se te devuelve tu apuesta más 35 veces esa cantidad. Es un juego de alto riesgo y altas ganancias, uno para gente con nervios de acero, o para quienes tienen dinero no deseado que perder, o para los borrachos.

Wells puso dinero en el 5 y lo dejó ahí. El número 5 salió cinco veces seguidas.

La banca saltó otra vez. El misterioso Wells puso alrededor de 98 000 francos en su bolsillo y desapareció. Nunca volvió a presentarse en Montecarlo. Es triste y anticlimático reportar que gastó todo su dinero irreflexivamente en aventuras especulativas dudosas, se enredó en algunas dificultades legales inextricables y murió en prisión, en quiebra. Pero al menos, en medio de los problemas que lo acosaron después, tuvo una asombrosa y gloriosa racha de suerte para recordar.

Hay muchas formas de explicar estos dos relatos peculiares o, poniéndolo de forma menos generosa y quizá más precisa, de aproximarse a una explicación. La teoría de la aleatoriedad diría que tan solo ocurrieron y estaban obligados a ocurrirle a alguien tarde o temprano y, por lo tanto, son menos interesantes de lo que parecen. Las teorías ocultistas hablarían sobre estrellas guía y números de la suerte. Las teorías psíquicas no tendrían ningún comentario sobre la historia de Will West, pero explicarían la aventura de Montecarlo en términos de precognición o psicoquinesis. El doctor Bob Brier apoya esta última teoría. Él señala que el fenómeno de un número de ruleta que sale cinco veces seguidas es altamente inusual. Puede ocurrir al azar, pero a Brier le resulta más fácil creer que Charlie Wells hizo que ocurriera. Brier postula que el estado «enrachado» de Wells en sus tres incursiones en las que hizo saltar la banca fueron en realidad un estado de energía psíquica anormal y temporalmente elevada.

La teoría de la sincronicidad ofrece una explicación completamente diferente. Ella sostiene que las aventuras como la de Will West y la de Charles Wells son causadas por una propiedad misteriosa, poco conocida pero perfectamente natural del universo físico. Esta propiedad es una fuerza que de algún modo reúne las cosas similares. Hace que lo similar o relacionado forme un cúmulo en el espacio, el tiempo, o ambos. Sincroniza los eventos, crea patrones ordenados. Causa coincidencias.

En otras palabras, dice la teoría, hay una falla en las leyes de la aleatoriedad común como se las comprende hoy día. Si dos personas lucen igual y tienen el mismo nombre, como Will y William West, es más probable que se reúnan de lo que la teoría de Martin Gardner predeciría. Y en cuanto a las rachas de suerte como las de Charles Wells, la teoría de la sincronicidad sostiene que son más confiables y de cierto modo más predecibles de lo que supondrían los defensores de la aleatoriedad.

La teoría de la aleatoriedad dice, desde luego, que los eventos al azar del pasado no tienen efecto en los eventos aleatorios del futuro. Esto entra en conflicto con la noción de Major Riddle de que, una vez que una racha de suerte ha comenzado, deberías apostar mucho porque es probable que la racha continúe. Esta teoría dice que no hay razón lógica del por qué sería de ese modo. En contraste, la teoría de la sincronicidad le concede cierto mérito a la idea de Major Riddle: cuando experimentas una racha de suerte, los sincronistas dirían que podría ser porque los eventos de cierto tipo están siendo agrupados. Hay un empuje cósmico hacia la creación de patrones ordenados, y este empuje (dice la teoría) fue al menos en parte responsable por la aventura de hacer saltar la banca de Wells, incluyendo su serie de cinco 5 al hilo.

La idea de la sincronicidad es la más frustrante de todas las teorías de la suerte porque es tan difícil ver cómo o a través de qué medio operaría la fuerza de agrupamiento postulada. Muchos sincronistas ni siquiera intentan explicar el cómo. Simplemente se rinden. «Podemos observar que estas cosas pasan», dicen, «pero la naturaleza de la fuerza está más allá del entendimiento humano en esta etapa del desarrollo científico». Ellos señalan que hay mucho sobre el universo que no entendemos. Hay agujeros negros en los cuales el espacio es volteado de adentro hacia afuera, y partículas subatómicas que parecen viajar hacia atrás en el tiempo, y muchos otros fenómenos que son en extremo ajenos a nuestras experiencias diarias. La fuerza de agrupamiento o sincronizante es otro de esos fenómenos que podrían dilucidarse algún día, pero hasta entonces permanecerá en el misterio: algo que no se explica, sino apenas se nota y humildemente se reconoce.

Uno de los primeros que sugirió la teoría y luego esquivó los intentos por explicarla fue un matemático francés de finales del siglo XVII y principios del siglo XVIII, Pierre-Rémond de Montmort. Él no es tan conocido hoy día como algunos de sus paisanos y colegas matemáticos, como Pierre de Fermat y Blaise Pascal, y es mucho más desconocido que su contemporáneo y amigo, Isaac Newton. Montmort retomó el cálculo probabilístico donde Fermat y Pascal lo dejaron y dio un gran salto con él. Por desgracia, murió a la edad de 41 años, y, con el mismo infortunio, muchos de sus papeles y anotaciones se desvanecieron en el polvo y la confusión de la Revolución francesa.

Una matemática moderna que ha intentado arrojar luz a la débil reputación de Montmort es la doctora Florence David, profesora de la Universidad de Londres. En su maravilloso estudio histórico de las teorías de la probabilidad, *Games, Gods and Gambling* (Juegos, dioses y apuestas), dedica mucho espacio a las ideas de Montmort y a su rara y breve vida. Extrañamente, a ella no parece impresionarle lo que podrían haber sido un conjunto de elementos cuya profunda influencia dio forma a esas ideas: los conflictos y las relaciones entre las matemáticas prácticas y el misticismo religioso. Montmort era un hombre genuinamente devoto que sirvió por un tiempo como canónigo en Nôtre Dame y creía ver influencias no terrenales en sus amadas matemáticas. Él estaba particularmente desconcertado e intrigado por las coincidencias y las rachas de suerte anormalmente largas: situaciones en las cuales los eventos no ocurrían con la aleatoriedad esperada y, por lo tanto, estaban más allá de la explicación matemática de la probabilidad. Cuando por fin se rindió, escribió:

> Para decirlo con exactitud, nada depende del azar. Cuando uno estudia la naturaleza, muy pronto se convence de que su Creador se mueve de forma suave y uniforme, y esta porta el sello de la sabiduría y presciencia infinitas. Por tanto, para otorgarle a la palabra «azar» un significado acorde a la verdadera filosofía, uno debe pensar que todas las cosas son reguladas de acuerdo a ciertas leyes, que creyendo dependientes del azar, son en realidad aquellas cuya causa natural *nos está vedada.* Solo después de tal definición puede uno decir que la vida del hombre es un juego donde reina el azar.

Al momento de su prematura muerte, Montmort apenas comenzaba a explorar la noción de que podrían existir fallas sutiles en las leyes de la probabilidad desarrolladas por los matemáticos. Las leyes funcionan bien en papel, pero no lo hacen tan bien cuando se aplican a las vidas diarias de hombres y mujeres. Las leyes parecen lógicas, pero en ese hecho tal vez esté el error más profundo de todos. Pues nuestro concepto de «lógica» podría contener en sí mismo fallas básicas. Después de todo, la «lógica» es un constructo humano, un conjunto de leyes que al parecer funcionan tolerablemente bien para nuestros propósitos en la Tierra, pero que de hecho tendrían poco que ver con la forma en que el resto del universo funciona. Como ha señalado el matemático Kurt Goedel, quizá jamás descubramos cuáles son esas fallas lógicas. Si nuestro sistema básico de lógica está equivocado, parece poco probable que identifiquemos la equivocación aplicando más de la misma lógica equivocada. Así, podríamos estar atrapados por toda la eternidad en formas erróneas de ver y pensar, incluyendo formas erróneas de pensar respecto a la suerte.

El biólogo austriaco Paul Kammerer parece haber sido el primero en darle nombre a esta noción de un tipo diferente de probabilidad. Él la llamó «serialidad». Kammerer, quien publicó la mayoría de sus pensamientos sobre el tema en el primer cuarto del siglo XX, no estaba vagamente interesado en las coincidencias, le obsesionaban. Mantuvo una bitácora en la que registraba casos de serialidad que le ocurrieron desde los 20 hasta los 40 años de edad. Por ejemplo, una mañana, de pronto, tuvo curiosidad respecto a cierta especie de mariposa un tanto rara y la buscó en un libro de texto. Esa misma tarde, al pasar frente a una librería, uno de los libros exhibidos en la ventana de forma destacada mostraba en su portada una imagen de la misma mariposa. Esa misma noche, Kammerer vio la misma mariposa de nuevo, esta vez en persona, en el campo.

Para Kammerer, tales coincidencias eran significativas. Apuntaban a alguna fuerza desconocida que, desde su punto de vista, hacía que lo similar se juntara, hacía que las cosas ocurrieran en grupos y no al azar. No muchos científicos estaban dispuestos a otorgarle a Kammerer la atención que creía merecer. La mayoría lo descartó como un excéntrico, y algunos incluso sospecharon que su bitácora de coincidencias seriales era en parte ficción. No existe evidencia de que ese fuera el caso, pero no es alentador el hecho de que se haya suicidado de un tiro en 1926, al parecer por desesperación debido a un escándalo que involucraba acusaciones de falsificación de evidencia científica.

Carl Jung, el psicólogo-filósofo-místico suizo, acuñó el término *sincronicidad*. Sus ideas sobre el tema se parecían mucho a las de Kammerer. Hoy día es conocido más que nada debido a sus contribuciones a la psicoterapia, pero el hecho es que él consideró su teoría de la sincronicidad como parte importante de su obra. Él también coleccionaba coincidencias. Una de sus favoritas (se dice que aburría una y otra vez a sus amigos volviendo a contar la historia) tenía que ver con un escarabajo. Una paciente estaba en su estudio cierto día, hablándole sobre un sueño cuyo residuo emocional le resultaba problemático. El sueño involucraba un escarabajo ornamental, una pieza de joyería con el diseño de un colorido escarabajo africano que los antiguos egipcios consideraban sagrado. En ese momento, Jung escuchó unos golpecitos en su ventana. Se asomó y ahí estaba un enorme escarabajo escarabeoide, el equivalente europeo más cercano al escarabajo egipcio.

«¡Ajá!, exclamó Jung. ¡Sincronicidad!». Y postuló la existencia de un principio «ordenante» desconocido que intervenía en los asuntos humanos. Es «acausal», es decir, opera por algún mecanismo que no depende de causa y efecto como los conocidos. La narrativa del sueño de la paciente no provocó que el escarabajo se topara con la ventana de Jung. Ni los viajes azarosos del escarabajo provocara que la mujer pensara en su sueño (o que haya tenido el sueño la noche anterior). Ambos eventos fueron reunidos por alguna fuerza que trasciende la causalidad.

Jung le dedicó mucho tiempo a pensar sobre el tema y al final se le ocurrió una teoría sobre cuál podría ser este «principio acausal». Incluso pidió a Wolfgang Pauli, el físico, que le ayudara a escribir un libro al respecto. Pauli estaba preparado para admitir que hay principios ordenantes en el universo más allá de los que podemos ver, y como todos los físicos de entonces y ahora, estaba listo para reconocer que algunos de estos principios pueden parecer escandalosamente improbables en términos de la «lógica» humana. Pero no parece haber usado las ideas de Jung sobre la naturaleza del principio sincronizante o formador de coincidencias. Esas ideas son una mezcla peculiar tanto de psicología y física como de ciencia ficción y misticismo puro y simple. La mayoría de aquellos que han intentado entender a lo que Jung quería llegar, yo mismo incluido, han fallado.

El hombre que probablemente se esforzó más es Arthur Koestler, un tipo interesante. Nació en Budapest en 1905, y el primer tercio de su vida estuvo marcado por una desproporcionada toma de riesgos. Trabajó como periodista político, anduvo sin rumbo por Europa, se afilió y luego renunció al Partido Comunista, terminó en un campo de prisioneros francés en la Segunda Guerra Mundial, fue liberado, peleó con el ejército británico. Después se volvió novelista, escribió *Oscuridad al mediodía* y otros libros famosos en su lengua adoptiva, inglés. La fase de escritura de novelas terminó, y desde alrededor de 1970 ha dedicado su brillante imaginación a la investigación psíquica y a la teoría de la sincronicidad.

Koestler se ha convertido, quizá, en el líder moderno de la sincronicidad; y, sin lugar a dudas, su mayor agente publicitario. En *Las raíces del azar* y más tarde en *El desafío de la suerte* (escrito con dos científicos británicos, Alister Hardy y Robert Harvie), explica por qué la idea de la sincronicidad le atrae y ha atraído a otros, incluyendo a Jung. En esto, tiene éxito. Logra que la idea sea bastante tentadora para cualquiera que busca explicar las rachas y otros desconcertantes fenómenos de la suerte. Pero tiene menos éxito en su otro gran esfuerzo: probar que la sincronicidad pertenece a la categoría de «ciencia». Él habla mucho sobre la teoría cuántica y la física atómica. Debió ser divertido escribir de esto, pero su conexión con la sincronicidad es, en el mejor de los casos, vaga. Koestler parece esperar que lo respetable de la física cuántica se transfiera por contacto a la sincronicidad si se refiere a ella en la misma página.

Aun así, el caso de Koestler no carece de atractivo. Él pregunta: «Si la suerte es aleatoria, ¿por qué siempre nos topamos con esta "emergencia espontánea de orden a partir del desorden?"». Habla de un «ángel bibliotecario» que le trae buena suerte con los proyectos de investigación. A menudo, dice, va a la biblioteca en busca de alguna referencia desconocida, temiendo que tendrá que pasar horas o días de búsqueda. Caminando por los estantes, toma un libro al azar. El libro contiene exactamente la referencia que quiere. ¿Cómo pasa eso? Algo está sincronizando los eventos en su vida. Algo hizo converger su necesidad por la referencia y el haber tomado de forma aleatoria el libro, una fuerza que «trasciende la causalidad mecánica».

Koestler pregunta: «A fin de cuentas, ¿qué es la aleatoriedad?». Algunos tipos de eventos parecen ocurrir con mayor aleatoriedad en ciertos momentos que en otros. Él relata un extraño y encantador experimento que involucra «suerte» y pollitos. Científicos británicos ajustaron una lámpara de calor de tal modo que se encendiera y apagara de modo descontrolado y del todo aleatorio. Las leyes de la probabilidad predecirían que un dispositivo de este tipo debería comportarse como una moneda lanzada al aire. Se pueden esperar rachas de un resultado u otro, pero a largo plazo los minutos totales de «encendido» y «apagado» deberían ser iguales. La lámpara de calor ciertamente se comportó de esta forma cuando estaba colocada sola sobre una mesa. Pero cuando los científicos pusieron a los pollitos en un corral bajo ella, su comportamiento cambió.

Los pollitos piaban lastimeramente cuando estaba apagada porque tenían mucho frío. Querían que se encendiera. Lo único con lo que podían contar para llevarles calor era la suerte, y la suerte llegó a su rescate. Siempre que estaban ahí, el dispositivo permanecía encendido por periodos más largos. En otras palabras, los pollitos tenían una racha de buena suerte aparentemente infalible. Los científicos concluyeron que algo más allá de la aleatoriedad común estaba obrando. ¿Qué era? Los psíquicos sugerirían la telequinesis: los científicos hacían que la lámpara permaneciera encendida con su voluntad porque eran chicos bien intencionados y también porque querían que su experimento produjera resultados interesantes. Koestler y sus colegas científicos prefieren pensar que una fuerza formadora de orden sincronizó los eventos a favor de los pollitos.

Los sincronistas insisten en que las cosas no son tan aleatorias como parecen. Hay patrones subyacentes, fuerzas ocultas que se esfuerzan discretamente por crear orden a partir del caos. Si queremos entender la suerte, todo lo que necesitamos hacer es entender cómo funcionan los patrones…

Linda W., mesera. Tiene 46 años y es delgada. Su rostro es lindo, pero en él y en la forma en que camina y se sienta se nota cierto desencanto. La entrevisto en un cuarto brillante y soleado proporcionado por un grupo de Alcohólicos Anónimos de Nueva York. Bebemos café en vasos plásticos.

—¿Quieres saber sobre patrones? —me pregunta—. Caramba, sí que acudiste a la persona correcta. Tengo esta situación recurrente en mi vida. Me ha perseguido desde que era una niña y supongo que me perseguirá hasta que muera. Es el alcohol. Ese es mi demonio privado: el alcohol. Siempre que pienso que la vida me dará un respiro, siempre que tengo algo bueno, pasa algo malo y lo destroza. Y las cosas malas, bueno, siempre tendrán al alcohol mezclado en alguna parte. No puedo escapar de él.

Linda nació en Cleveland. Su padre, un ejecutivo empresarial, era un alcohólico que disfrutaba de bastante éxito en su carrera hasta que llegó a la mediana edad. Linda planeaba ir a la universidad y estudiar administración de negocios.

—Pero en mi primer año de preparatoria la bebida atrapó a mi papá. Comenzó a llegar a las conferencias de negocios tambaleándose de borracho, y por fin se le acabó la paciencia a la compañía y lo despidieron. Hasta donde sé, nunca consiguió otro trabajo bueno. Abandonó a la familia poco después de eso y nunca volvimos a saber de él hasta que apareció muerto en algún hotel de mala muerte en California.

Ya no hubo dinero para la universidad. Linda cambió a cursos de mecanografía y taquigrafía en su último año de preparatoria, se graduó, y pasó por una serie de trabajos como secretaria.

—No me gustaba el trabajo. Era aburrido y el sueldo no era suficiente. Por fin conseguí un puesto bastante bueno, como secretaria del jefe de una pequeña agencia de publicidad en Chicago. Pagaban bastante bien, pero lo que más me gustó fue que prometieron que no me quedaría para siempre en ese trabajo. Dijeron que en cuanto aprendiera el oficio, me pasarían a uno más interesante.

Una noche estaba trabajando tarde cuando su jefe, recién salido de la hora feliz en un bar local, volvió a la oficina y, borracho, se propasó. Ella lo abofeteó.

—A la mañana siguiente, cuando volví al trabajo, pude ver que todo había terminado. Él estaba enojado, avergonzado y probablemente asustado de que yo le contara a su esposa; ya sabes, una situación sin salida. Dije «¿Qué va a pasar?» y él respondió que no creía que pudiéramos trabajar juntos y era mejor que me fuera. ¿Qué más podía hacer? Me fui.

Encontró otro trabajo como secretaria, y ahí conoció a un vendedor llamado Ralph, se enamoró de él y se casaron.

—Para entonces yo ya estaba bebiendo, no demasiado, pero me emborrachaba de vez en cuando, como en las fiestas de fin de semana. No lo sabía entonces, pero esa es la primera señal del alcoholismo. Me gustaba mucho perderme en las borracheras. Algunas personas superan esa etapa de fin de semana si tienen una vida gratificante y personas buenas a su alrededor, y cuando Ralph llegó a mi vida, paré. Tuvimos un matrimonio maravilloso. Consiguió un trabajo de ventas en una compañía más grande pocas semanas después de la boda, y en poco tiempo estaba recibiendo ascensos y escalando posiciones. Nos mudamos a Nueva York, y entonces compramos una casa en los suburbios el mes en que descubrí que estaba embarazada. Era una niña, y la llamamos Elizabeth, o Beth de cariño. Esa fue la época más feliz de mi vida.

»Ralph murió mientras conducía de vuelta a casa luego de un viaje de ventas. Un automóvil que iba en sentido contrario invadió su carril y se estrelló con él de frente. El otro conductor estaba ebrio».

Linda se mudó a un apartamento más pequeño y consiguió un trabajo como mesera de un bar.

—Tenía que cuidar de Beth, y necesitaba ese tipo de trabajo nocturno porque la única niñera que podía pagar era una chica de preparatoria. Las propinas eran buenas. Apenas ganaba dinero suficiente para mantenernos a Beth y a mí a flote. Pero esta vez empecé a beber demasiado. Me sentía mal la mayor parte del tiempo, y muchas noches llegué a trabajar tarde o ni siquiera podía llegar. Me despidieron de ese trabajo, conseguí otro, me despidieron de ese también. Por fin fui a algunas reuniones de

AA, luego me salí y me emborraché, luego volví y otra vez... ya sabes, la típica historia de alcoholismo. Entonces por fin toqué fondo. Me emborraché toda una noche y desperté a la mañana siguiente en un cuarto de hotel extraño con un hombre que nunca había visto. Estaba aterrada, y volví a AA para estar sobria definitivamente.

Durante muchos años trabajó como mesera en cafeterías, y luego encontró un trabajo en un comedor de hotel, donde las propinas eran mejores. La rotación de personal era rápida, y en dos años era una de las veteranas, valorada por la gerencia y con buenas posibilidades de convertirse en la asistente del gerente de alimentos del hotel. Pero entones el alcohol vino a estrellarse con su vida una vez más.

Una de las salidas del comedor conducía a un tramo de escaleras estrechas de piedra que bajaban a un centro comercial subterráneo. Las estaba bajando una noche cuando un hombre ebrio llegó tambaleándose tras ella.

—Estaba bastante borracho, y murmuraba para sí mismo. Se me acercó por atrás tanto que podía oler su aliento, y seguía acercándose. De pronto pensé: «Oh, por Dios, ¡va demasiado rápido como para detenerse!».

De hecho, se estaba cayendo. Cayó sobre ella. Era un hombre pesado, quizá pesaba el doble que ella, y sus piernas se vencieron. Cayeron por los escalones con él encima la mayor parte del tiempo.

—Creo que me desmayé por algunos segundos, porque no puedo recordar haber caído al piso. Cuando recuperé el sentido, él se había ido y había una mujer corriendo hacia mí. Intentó ayudarme, pero supe que tenía problemas porque una de mis piernas no se movía.

La pierna estaba fracturada en dos lugares. Una de las fracturas fue tan grave que requirió de una técnica de acomodo especial que requería una vara de acero insertada en la médula.

—Pasaron seis meses antes de que pudiera andar cojeando con muletas. Estuve desempleada por un tiempo, luego conseguí un trabajo de escritorio en la oficina de cobros de una tienda departamental. Eso fue hace algunos años. Ahora estoy de nuevo trabajando como mesera de cafeterías.

Linda bebe de su vaso pensativamente y sonríe.

—No soy del tipo que se autocompadece —comenta—. La vida es dura para todos, lo sé. Pero esto del alcohol... ¿cuándo va a dejarme en paz?

—Desearía poder decirte algo útil —le respondo. Le cuento sobre algunas de las teorías que he escuchado respecto a la suerte, incluyendo la de la sincronicidad, la cual parece intrigarla. Le digo que cualquier racha de buena suerte o mala suerte puede parar en cualquier momento, y quizá la suya ya haya parado. Eso parece animarla. Cuando nos despedimos, le digo lo único en lo que puedo pensar. ¡Le deseo buena suerte!

TERCERA PARTE

ESPECULACIONES SOBRE LA NATURALEZA DE LA SUERTE: ALGUNOS ENSAYOS OCULTISTAS Y MÍSTICOS

CAPÍTULO 1

NÚMEROS

William Barber, ciudadano de Pensilvania, nació el 7 de abril de 1911. ¿Le importa a alguien? Le importa a William Barber, desde luego, y es razonable suponer que también les importó a su madre y a su padre. Pero el hecho aislado de que naciera cierto día parece poco interesante por sí mismo, ya que no le otorga distinción alguna a Bill Barber. Todos nacen en cierto día. Es verdad que, de los aproximadamente 50 millones de bebés que vinieron al mundo en 1911, más o menos 1/365 de ellos —unos 137 000— nacieron el mismo día que Bill Barber: 7/4/11. Otra cosecha de bebés del 7/4/11 había aparecido en 1811 y 1711, y así una y otra vez por los siglos. Por lo tanto, Barber, de Pensilvania, no es único en ese aspecto. Lo que hace interesante su fecha de nacimiento es que él tiene fe en un sistema de control de suerte peculiar conocido como *numerología*. Bill también estudia beisbol, futbol y la bolsa de valores, y ha combinado estos elementos dispares en un sistema de predicción de la bolsa de valores que demostrablemente no ha fallado desde 1960; eso, dice, lo ha ayudado a convertirse en un hombre rico.

Como ha ocurrido antes en este libro y sin duda volverá a ocurrir, me encuentro en la vergonzosa posición de reportar eventos que, para mi mente pragmática y quizá demasiado occidental, no tienen derecho aparente de ser verdad. ¿Cómo puede la numerología predecir el curso de la bolsa de valores, cuyo futuro es impredecible incluso para los analistas más brillantes de Wall Street? ¡Vaya tontería! No obstante, el irracional sistema de predicción de Bill Barber ha funcionado sin falla a lo largo de la década de 1960 y lo que va de la de 1970. ¿Por qué? ¿Qué está sucediendo? ¿Tiene algo de verdad el asunto de los números «de la suerte»?

¿Quién sabe? La numerología, que se llama a sí misma ciencia pero quizá no sea merecedora de serlo, se basa en esta tesis: que hay un vínculo misterioso entre los números y los eventos en la vida humana. Si los números son afortunados, los eventos serán afortunados, supuestamente, y si no, no. ¿Eso tiene sentido? Pues no, no para todos. Pero ciertamente no es difícil ver por qué algunas personas se han obsesionado con los números y les han atribuido poderes mágicos o predictivos.

Nosotros, pobres infelices, en esta última mitad del siglo XX, diariamente tratamos de no ahogarnos en la gran sopa fría de números. Tenemos números telefónicos, números del seguro social, la deuda nacional, nuestras deudas personales, y un montón de otros números, algunos de los cuales nos gustaría olvidar, pero no se nos permite. Más aún, con frecuencia los números están involucrados en los riesgos que tomamos y en sus resultados afortunados o desafortunados. Todos los juegos de apuestas están, desde luego, engalanados con números.

Loterías, ruletas, caballos, dados, cartas: los números no solo expresan las probabilidades y el grado de victoria o derrota, sino que a menudo están impresos en la parafernalia misma del juego. Así que no debería sorprendernos que haya gente que, inmersa en este denso caldo de números del cual no hay escapatoria, comience a notar conexiones y coincidencias aparentes, y termine por creer en algún tipo de sincronicidad.

Bill Barber, un tipo grande, genial y de cabello cano de 60 años y pico, es un hombre de ese tipo. Extrañamente, al ser contador de profesión, lidia con números de formas que no tienen nada que ver con el ocultismo para ganarse el pan de cada día. Desde luego, quizá no sea tan extraño a fin de cuentas. Es tanto un contador como un numerólogo porque está fascinado con la interacción de los números y nunca se cansa del tema.

—En la escuela era un genio matemático —me contó—, no porque fuera más inteligente que otros niños, sino porque me tomé el tiempo de aprender los trucos, es decir, los atajos. Los números eran mi pasatiempo. Más o menos a los 15 años, comencé a notar que ciertos números tendían a ser recurrentes en mi vida. Siempre que me ocurría algo inesperado y bueno —un golpe de suerte, por ejemplo—, ahí aparecían esos números. Eran los números de mi cumpleaños, cuatro, siete y once. ¡Esos son números geniales!

Me contó esto cierto día en una cafetería de Nueva York mientras pasaba por la ciudad. Bebió té y fumó un puro. Tenía una sonrisa grande, la cara roja y ojos de un azul brillante y sorprendente. Obviamente, como disfrutaba tanto del tema, hizo una lista de todas las propiedades interesantes (para él) de los tres números. Señaló que los dos primeros números 4 + 7, se suman para formar el último: 11. No entendí muy bien la importancia de esto, pero era evidente que él sí, porque indicaba cierto tipo de orden, una interconexión misteriosa. Señaló que los tres números 4 + 7 + 11 suman 22, la suma de cuyos dígitos es uno de los números de la suerte, 4. Y que si multiplicas los números 4 x 7 x 11, el resultado es 308, cuyos dígitos suman 11. Y que si elevas los tres números a su potencia y multiplicas las potencias, el resultado es 94 864, la suma de cuyos dígitos es 31, la suma de cuyos dígitos, a su vez, vuelve a dar 4. Y que...

Bueno, ya entiendes el punto. Para Bill Barber, esos tres números son maravillosos. Tienen un montón de propiedades que no parecen particularmente útiles pero, para un numerólogo, son significativas en formas que es difícil explicar.

Le pregunté sobre su sistema de predicción de la bolsa de valores.

—Ah —replicó—, es algo muy interesante. Lo descubrí en 1964, e hice una revisión inversa hasta 1960, y a partir de entonces ha funcionado todos los años hasta 1975. Me dice si el mercado subirá o bajará el próximo año. ¡Es infalible!

Indiscutiblemente, al menos desde 1960. Lo revisé con escepticismo y cuidado. Hubiera producido resultados erróneos muchas veces en la década de 1950, pero no después. Cualquiera que lo hubiera usado para sincronizar movimientos de entrada o salida del mercado durante la última década y media hubiera incrementado de forma perceptible sus probabilidades de ganar. Es un cálculo de tres pasos, y funciona así:

Paso 1. Toma el último dígito del año vigente. Si es 1974, el 4.

Paso 2. Averigua los resultados del Tazón de las Rosas al inicio del año. El partido siempre se juega el Día de Año Nuevo, y siempre hay alguien en cada vecindario y oficina que recuerda el marcador. Si el marcador del ganador fue de 30 o más, suma 1 al último dígito del año. Si volvemos a tomar 1974 como ejemplo, observamos que Ohio State aplastó a Southern California ese año con un marcador de 42-21. Por lo tanto, como requiere la fórmula, sumamos 1 al 4 de 1974 y así se vuelve un 5.

Paso 3. Averigua cuántos juegos sin *hit* se jugaron en las grandes ligas de beisbol durante la temporada regular de ese año. Es muy probable que los mismos expertos en estadísticas deportivas que recuerdan el marcador del Tazón de las Rosas también sepan esta estadística de memoria (no cuentes juegos incompletos. Los que importan son los que cubrieron las nueve entradas). Suma este número al número al que llegaste en el paso 2. En 1974 hubo 2 juegos sin *hit*, así que sumaremos eso a nuestro 5 y terminaremos con el número 7.

Predicción: Si este número final es un 4, 7 u 11, la bolsa de valores irá al alza el *siguiente* año. Si es cualquier otro número, el mercado irá a la baja.

Como ya dije, lo revisé. Usé el *Índice Compuesto de Standard & Poor's* como criterio de la subida o bajada del mercado, y el *Almanaque Mundial* y el *Almanaque de Reader's Digest* me dieron las estadísticas deportivas necesarias. Y con bastante certeza...

Es una locura, dirás. Quizá. No obstante, podría no ser más loco que el enfoque de los corredores, analistas financieros y otros oráculos tradicionales de Wall Street. Su creencia optimista es que el mercado, aunque en esencia sea un motor irracional, puede predecirse mediante medios racionales. Si Bill Barber se equivoca, probablemente ellos no tengan mucha más razón. No hay un modo racional de predecir el mercado. Está potenciado por la emoción, no por la razón. El único modo certificable de ganar es tener buena suerte.

Siempre es un error ignorar o negar el componente suerte de un juego, en particular cuando ese componente es grande. La mayoría de los profesionales de Wall Street parecen hacer justo eso la mayor parte del tiempo. Les resulta tranquilizador creer que el futuro a largo plazo del mercado puede presagiarse mediante la diligente aplicación de la razón humana. Esto les proporciona la sensación de que están preparados y los hace sentir bien. Por desgracia, el resultado es que no dejan de conjurar predicciones que suenan más sólidas y confiables de lo que son. Las predicciones son, de hecho, meras adivinanzas, poco más confiables que una que tú podrías hacer respecto a números futuros en una ruleta.

Los jugadores más afortunados del mercado son aquellos que reconocen que el mercado es al menos en parte un juego de suerte, no un juego de razón pura. El razonamiento inteligente ciertamente puede ayudar en la especulación del mercado, pero no en términos de pronósticos de largo plazo. Dudo mucho que cualquier profesional de Wall Street sepa más sobre el futuro a largo plazo de la bolsa de valores que yo o Bill Barber.

Pero el hecho es que todas las suposiciones de Barber sobre el futuro han sido correctas. Vendió todo a finales de 1968 porque su número predictivo ese año fue 13, un indicador de que 1969 sería un mal año para tener acciones. ¡Oh, Dios, vaya que lo fue! En 1969, el número fue 15, lo que indicaba que 1970 también sería un año oscuro. Lo fue. En 1970 el número fue 4, lo que presagiaba tiempos mejores en 1971. Bill Barber compró algunas acciones a principios de 1971 y terminó el año un poco más rico.

Sin embargo, antes de ir muy lejos con los elogios al Sistema Barber, más vale poner sobre la mesa un poco de escepticismo purificador al caso. Barber piensa que su sistema funciona debido a alguna conexión oculta entre sus números de la suerte y los eventos que supuestamente predicen, y la evidencia que ofrece es que las cosas han salido bien 15 años al hilo. Pero es igual de fácil creer (incluso más fácil, creo yo) que solo es el beneficiario de una racha de suerte inusualmente larga, como una racha de 15 victorias en la ruleta. Es muy posible que eventos al azar ocurran en favor de un hombre o una mujer en particular 15 veces seguidas, aunque no ocurra con frecuencia. No obstante, no hay garantías de que el decimosexto giro de la ruleta también será favorable. El próximo año, o dentro de dos, alguno de los sistemas de predicción racionales de Wall Street podría producir un golpe más afortunado que el Sistema Barber.

La respuesta de Bill Barber a esto es:

—Seguro, el sistema podría equivocarse algunos años. No me sorprendería. No espero que el sistema sea perfecto. Solo deseo que aumente las probabilidades a mi favor, que me dé una respuesta correcta con mayor frecuencia de lo que tendría por azar. Si alguna vez juego a la ruleta, voy a apostar mi dinero al 4, 7 y 11, pero no voy a esperar que esos números salgan siempre. Solo deseo que salgan un poco más seguido de lo que las probabilidades estadísticas dicen que deberían salir.

¿Alguna vez ha jugado a la ruleta?

—No, me parece un juego aburrido.

Una encuesta informal en una fiesta revela que, cuando se les pregunta cuáles son sus números de la suerte, más o menos tres de cada cuatro hombres y mujeres tendrán una respuesta y la darán sin reírse (ya conocimos a Eric Leek, por ejemplo, el ganador de la lotería de Nueva Jersey a quien le gusta el número 10). Entre los apostadores empedernidos, la proporción es mucho mayor que tres de cuatro, tanto que me aventuraría a decir que se aproxima a 99 de 100. Pero ya sea que disfrutes o no de las apuestas, lo más probable es que identifiques cierto número, o quizá más de uno, como afortunado para ti. Quizá pienses en ti como un hombre o mujer bastante racional, que no se entrega a la superstición. Aun así... existe ese número, flotando en alguna parte en las lodosas profundidades de tu conciencia, un número que de algún modo se ha asociado con los eventos felices de tu vida.

Los números de mala suerte también son moneda común. Muchas personas que se burlan de otras supersticiones se sienten claramente incómodas en presencia del número 13, por ejemplo. Este número envuelto en la oscuridad tiene mala reputación en casi todas las naciones occidentales y en la Rusia soviética (otros países tienen sus propias fobias numéricas. En Japón, por ejemplo, se dice que hay algo malo respecto al 4). El miedo al 13 es bastante fuerte en Estados Unidos, a pesar del hecho de que nuestra nación disfrutó de mucha suerte luego de comenzar con 13 colonias, y a pesar del hecho de que nuestro omnipresente billete de un dólar tiene al 13 por todas partes. Si examinas el lado verde de un billete de dólar verás una pirámide con 13 escalones, un escudo con 13 rayas, un cúmulo de 13 estrellas, y un águila con 13 plumas en la cola que sujeta 13 flechas en una garra y una rama de olivo con 13 hojas en la otra. ¿Es de mala suerte un billete de dólar? Quizá un billete de diez dólares sea más afortunado, pero pocos estadounidenses rechazarían un dólar —o incluso 13 dólares— si se los lanzas.

De todas maneras, evitamos el 13 cuando podemos. Los anfitriones hacen esfuerzos ridículos por recibir cualquier número menos el 13 en las cenas. Muchos edificios carecen de un piso designado como treceavo y muchos hoteles ni siquiera tienen cuartos numerados con el 13 (en Japón, se recurre a los mismos jueguitos, igual de extraños para evitar el 4). Muchos estadounidenses evitan tomar cualquier decisión o compromiso, o embarcarse en nuevas aventuras, o en la medida de lo posible hacer cualquier cosa un viernes 13.

En nuestro pasado nacional, como en el de todas las naciones, ha habido almas audaces que despreciaron esta triscaidecafobia y buscaron probar que el 13 es un número inofensivo y hasta amigable a fin de cuentas. Uno de ellos fue Ralph Branca, lanzador de los Dodgers de Brooklyn en las décadas de 1940 y 1950. En contra de los temerosos ruegos de compañeros más supersticiosos, Branca solicitó y recibió el 13 como su número de playera. Fue un lanzador bastante profesional durante 1951 y ayudó a levantar a su equipo hasta incluso tener probabilidades de ganar el partido de campeonato contra los Gigantes de Nueva York. Hasta los últimos segundos del último juego, los Dodgers parecían tener el campeonato en el bolsillo. Entonces, ocurrió el desastre; un desastre tan repentino y de una magnitud tan impresionante que los historiadores del beisbol todavía hablan asombrados al respecto.

Los Dodgers estaban al frente, era la segunda mitad de la novena entrada y Branca era el lanzador. Dos jugadores de los Gigantes estaban en base, pero había otros dos fuera. El último jugador, Bobby Thomson, estaba al bate. Todo lo que Branca necesitaba era ponchar a este hombre, y el partido y el campeonato serían suyos. Era tan obvio que el partido estaba decidido que la multitud ya se dirigía a las salidas, y millones de fanáticos apagaron sus televisores y radios, y se prepararon para recolectar el dinero de sus apuestas.

Entonces Branca arrojó todo por la borda con un único lanzamiento desafortunado. Él mismo dijo más tarde que sintió que algo estaba mal incluso antes de que la bola dejara su mano. Bobby Thomson anotó un *home run* con ese lanzamiento, y los Gigantes se llevaron el campeonato, y desde entonces ningún Dodger, ni en Brooklyn ni en Los Ángeles, ha vestido el número 13.

Parece extraño que el 13 sea un número de mala suerte para una proporción tan grande de la población, pero ningún número de buena suerte tiene una equiparable cantidad de partidarios. Por razones que jamás se han explicado, la gente es más independiente al elegir números de la suerte que en alejarse del 13.

Algunas personas adoptan números de la suerte de forma aleatoria y, cuando se les pregunta qué da a esos números su peculiar poder productor de suerte, solo se encogen de hombros, sonríen y no se justifican. Ese número pudo volverse el favorito de un hombre o una mujer en la niñez o adolescencia. Quizás era el número que portaba en una playera de futbol durante una temporada brillante, o era la dirección de una casa donde se vivieron buenos momentos, o era el conteo de miembros de un grupo de amigos en un vecindario recordado con cariño.

Otras personas, como Bill Barber, eligen sus números de la suerte con un cuidado más meticuloso y tienen algún tipo de razonamiento que ofrecer, alguna razón o un entramado de razones por las cuales esos números son mejores que otros. Tal razonamiento a menudo depende de un conjunto de propiedades o relaciones entre los números que resultan atractivas, aunque inútiles.

A Bill Barber le gustan sus números porque sumarlos y multiplicarlos de diferentes formas produce resultados placenteramente ordenados. Los números parecen muy pulcros. Parecen amigables. Parecen estar hechos los unos para los otros. Mis propios números favoritos son el 6 y el 28, y tengo un razonamiento absolutamente espléndido para esta elección. Para empezar, son números que expresan mi cumpleaños, 28 de junio. Otra razón es que 6 y 28 son los únicos números enteros «perfectos» por debajo de 100. En la teoría numérica, un número perfecto es aquel que es igual a la suma de sus factores. Los factores de 6 son 1, 2 y 3, los cuales suman 6. Los factores de 28 son 1, 2, 14, 4 y 7, los cuales suman 28. Los números perfectos son muy raros. Solo hay un par de docenas en el primer millón. Puedes entender por qué mis números me resultan deslumbradoramente atractivos.

¿Me han beneficiado de algún modo? Probablemente no mucho. Una vez jugué a la ruleta en un crucero, aposté mis fichas de 25 centavos al 6 y al 28. Si cualquiera de ellos hubiera salido, habría obtenido una ganancia de 35 a 1. Es decir, habría recibido 8.75 dólares, además de recuperar mis 25 centavos. Pero las probabilidades en contra de ganar cuando juegas a dos números de ese modo en una ruleta estadounidense son de 19 a 1 en cualquier giro dado. Jugué veinte veces, durante las cuales ninguno de los números salió y perdí 10 dólares. Me rendí y el siguiente número en salir fue un 6. Furioso y malhumorado, dejé el casino y me fui por un trago. Más tarde, uno de los otros jugadores se tomó la molestia de buscarme y contarme más noticias deprimentes. Durante la docena de giros de ruleta que hubo después de que dejé la mesa, el 28 salió dos veces.

¿Qué debió enseñarme esto? Supongo que la lección es que es divertido tener y consentir números de la suerte, pero no deberías esperar demasiado de ellos. Solo mantenlos cerca por... buena suerte.

Nancy Berman es una maestra de matemáticas jubilada. Vive en California y visita Las Vegas un par de semanas cada año. Asegura que casi siempre vuelve a casa con más dinero del que tenía al salir. Le gusta el *blackjack*, el cual tiene elementos tanto de suerte como de habilidad, y también le gusta la ruleta, un juego de pura suerte. Piensa que su buena fortuna resulta en parte de prestar atención a un misterioso número de once dígitos que llama el Palíndromo de la Gran Potencia.

Sáltate un poco los siguientes párrafos si las matemáticas te aburren o te hacen llorar. Un palíndromo es un número o frase cuyo extremo frontal es la imagen reflejada de su extremo posterior. Se lee igual al derecho y al revés, como «Anita lava la tina». Un palíndromo numérico sería un número como 10101.

Resulta que se pueden formar algunos palíndromos muy bonitos (bonitos para un amante de los números, claro) al elevar grupos de números consecutivos a varias potencias. Si tomas todos los números del 0 al 10 y los elevas a su potencia (multiplicar cada uno por sí mismo, como 2 x 2), los últimos dígitos de los números cuadrados resultantes se alinearán de este modo: 01496969410. Adorable y misterioso. Se obtiene el mismo palíndromo de dígitos finales cuando se elevan a su potencia los números del 10 al 20, del 20 al 30, y así hasta el infinito.

Elevar al cubo números consecutivos del mismo modo produce otro número repetido interminablemente que interesa por razones diferentes, pero que no es un palíndromo, al igual que elevar números consecutivos a la quinta potencia. El Palíndromo de la Gran Potencia de Nancy Berman surge al elevar los números a la cuarta potencia (como 2 x 2 x 2 x 2). Cuando haces eso, obtienes repeticiones interminables de esta encantadora alineación: 01616561610.

Elevar números a potencias todavía mayores no produce nada nuevo. Se vuelven a obtener los mismos palíndromos y otros números repetidos una y otra vez. Así, en la terminología de Nancy Berman, el palíndromo de cuarta potencia es «el más alto». Eso es lo que lo hace merecedor del título «Gran». Además, suena bien y es fácil de recordar.

Pero, ¿qué uso terrenal tiene? Nancy cree que los cuatro números que conforman al Palíndromo de la Gran Potencia —0, 1, 5 y 6— tienen una afinidad poderosa y oculta entre sí. Cuando cualquiera de ellos aparece en una ruleta, asegura, los otros tres se esfuerzan denodadamente por aparecer poco después.

—Mi método es observar una ruleta, pero sin jugar. Espero hasta que uno de los cuatro números aparece. Cuando lo hace, de inmediato apuesto a los otros tres números. Es casi seguro que al menos uno de ellos saldrá antes de lo que predeciría la probabilidad.

Extraño. Nancy Berman es una mujer alta con cabello entrecano, una mente brillante, una mirada directa y un apretón de manos más fuerte que el de muchos hombres. No hay nada en su apariencia o comportamiento que sugiera alguna debilidad intelectual o credulidad u oscuridad mística. Ella misma reconoce que este asunto del Palíndromo de la Gran Potencia no armoniza con su naturaleza básica.

—Soy una mujer muy práctica —asegura con una mirada ligeramente perpleja en su rostro—. No creo en lo que no puedo ver, en especial cuando mi propio dinero está involucrado. No leo mi horóscopo en el periódico ni cargo con amuletos de la suerte. Francamente, me siento algo avergonzada respecto a esta cosa numerológica. Si quieres debatir conmigo al respecto, no lo haré. No intentaré defenderla. Pero...

¿Pero qué? Quizá todo se reduce a que un número de la suerte, si lo tienes, te consuela. Puede guiar tus acciones en una situación incomprensible donde hay muchas opciones, pero no hay una base racional para elegir. El juego de la ruleta ciertamente es una situación de ese tipo. No hay un enfoque racional capaz de mejorar tus probabilidades de ganar. Ciertos tipos de apuestas y ciertos sistemas para apostar reducirán la velocidad con la que pierdes tu dinero, pero más allá de eso no hay decisiones racionales que elegir. Un número es tan bueno como otro. Al enfrentar este tipo de situación, donde haya muchas opciones, pero sin criterios razonables para elegir, podrías simplemente pararte ahí, paralizado, incapaz de tomar cualquier decisión.

La parálisis de la voluntad no tiene gran importancia en una mesa de ruleta, desde luego. Solo significa que nunca llegas a jugar. Pero en otras áreas de la vida, áreas más significativas en las cuales se deben tomar decisiones con datos insuficientes o nulos, la parálisis de la voluntad es definitivamente dañina. Hay situaciones en las cuales debes hacer algo, aunque no haya un buen modo de elegir entre muchos «algos». Si conduces por una carretera desconocida, llegas a una bifurcación y no tienes idea de qué ruta escoger, debes tomar una decisión irracional y hacerlo rápido. Si detienes tu carro en medio del camino y te quedas ahí paralizado, te pones en peligro mortal. En una situación así, cualquier cosa que te ayude a tomar una decisión será valorada. Cualquier cosa, incluso un número de la suerte.

Nancy Berman siente que su Palíndromo del Gran Poder tiene sentido, al menos desde este punto de vista.

—Ya sea que creas que los números tienen o no algún poder especial —dice ella—, el hecho seguro es que yo no jugaría para nada a la ruleta si no tuviera algo como esto para guiarme. No sabría cómo tomar decisiones. La numerología puede sonar estúpida para muchas personas, pero me permite llevar a cabo un juego que disfruto. Disfrutaría del juego incluso si perdiera todo el tiempo. Lo que lo convierte en algo más placentero y sorprendente para mí es que casi siempre gano.

Nancy sonríe y agrega:

—Pero no tienes que creer eso, desde luego.

Bueno, no sé si lo creo o no. Quizá la mayoría de sus ganancias en Las Vegas vienen del *blackjack*, un juego en el que las decisiones inteligentes y racionales incrementan claramente las probabilidades a favor de un jugador. En cuanto a la ruleta, ya hemos mencionado que la Primera Ley de la Probabilidad es «todo puede pasar» y que la Segunda Ley es «si puede pasar, pasará». Las rachas de suerte largas, incluso las vitalicias, ocurren a veces. Algunos podríamos no estar preparados para creer que el éxito de Nancy Berman en la ruleta proviene de fuerzas misteriosas que operan a través del Palíndromo de la Gran Potencia, pero al menos podemos permitir la posibilidad de la coincidencia. Podría ser que 0, 1, 5 y 6 salieron mucho siempre que Nancy Nerman se acercó a una ruleta.

Sin importar lo que creamos o cómo interpretemos su historia, parece innegable que lo que ella dice sobre la toma de decisiones es sensato. La gente afortunada, como grupo, está notablemente dotada con esta habilidad de tomar decisiones de cara a datos inadecuados, y más tarde exploraremos esta interesante propuesta con mayor detalle.

Harold Muhs es un cantinero retirado. Vive en Trenton, Nueva Jersey. Tiene 69 años; es un hombre amistoso, pero no habla mucho. Como muchos cantineros, se guarda sus pensamientos, incluyendo aquellos sobre la suerte. Sin embargo, otras personas han hablado y pensado sobre él en años recientes, pues la fortuna lo ha sacado del tranquilo anonimato que con frecuencia, piensa, hubiera preferido.

El 4 de enero de 1973, ganó 50000 dólares en la lotería estatal de Nueva Jersey. El 4 de marzo de 1976, volvió a ganar, esta vez 250000. Su puesto preliminar en el sorteo de 1976 era 4. Esto, y el hecho de que ambas victorias ocurrieron en el cuarto día del mes, han atraído la ansiosa atención de los numerólogos. Algunos de ellos, y también algunos sincronistas, han hecho esfuerzos extravagantes para demostrar relaciones entre varios números y Harold Muhs. Ellos señalan que es posible obtener algunos resultados atractivamente ordenados al multiplicar los dígitos de esas dos fechas, 4/1/73 y 4/3/76. Multiplicar 4 x 1 x 7 x 3 produce 84, mientras que los dígitos de la otra fecha dan 504. No solo 84 es un factor de 504, sino que ambos números terminan en 4 y son divisibles entre 4. Más aún, si multiplicas 84 x 504, o si elevas 84 al cuadrado, o si elevas 504 al cuadrado, en los tres casos obtienes un número cuyos dígitos suman el mismo número, 18. Parece un caso genial de sincronicidad numérica.

—Bueno, señor Muhs —pregunto—, ¿qué piensa de todo este asunto numerológico? ¿Piensa que el número cuatro tiene alguna clase de afinidad mágica con usted? ¿O quizás la tiene el número 18?

—Nop. El único número que me interesa es el 3.

—Oh, ¿y por qué el 3?

—Estoy esperando a ver si un rayo cae tres veces en el mismo lugar.

CAPÍTULO 2

DESTINO Y DIOS

Algunas personas creen que hay un Dios, mientras que otras no, y otras más no están seguras. Entre aquellos que creen que existe un ser tal, hay cientos de teorías —quizá miles— sobre la naturaleza de este ser y su relación con nosotros, los mortales, sobre la Tierra. Pero en términos de suerte, se puede decir que los creyentes entran en dos grupos principales.

Un grupo sostiene que, aunque Dios nos creó y tiene cierto interés general en nuestro bienestar, no hace ningún intento por ejercer un control detallado sobre nuestras vidas individuales. Le agrada la especie humana en general, pero no se preocupa en específico por cómo resulte tu vida o la mía. En esta teoría, somos enviados a la Tierra para superar las dificultades por cuenta propia, descubrir nuestra propia suerte, labrar nuestro camino hacia nuestros propios y desconocidos destinos sin ayuda ni impedimentos de arriba.

El segundo grupo de creyentes, quizá más grande que el anterior, sostiene que Dios se preocupa de cada vida individual. Nos pone a cada uno sobre la Tierra por algún propósito y manipula cuidadosamente cada vida de tal modo que el propósito se cumpla de forma apropiada. Cuando naciste, según defiende esta teoría, Dios ya sabía qué quería que hicieras con tu vida y cuál sería tu destino. Todo lo que te haya sucedido desde entonces fue parte de su plan. En otras palabras, la suerte cae bajo el poder, designio y benignidad de la voluntad de Dios.

Este segundo punto de vista podría ser la teoría sobre la suerte más ampliamente compartida de todas. Sería presuntuoso intentar un análisis de la teoría aquí, y también sería superfluo ya que el número de libros que han sido escritos sobre Dios y el destino humano deben aproximarse ya al millón. El más importante entre ellos es la Biblia. En ella nunca se dice con tantas palabras «La suerte es la voluntad de Dios», pero ese es uno de sus significados esenciales: todo lo que ocurre al creyente, bueno o malo, es permitido solo por la mano del amoroso Todopoderoso. Lo que se dice en la Biblia nunca se ha dicho tan bien en ningún otro lado, aunque muchos lo han intentado. Yo no lo voy a intentar.

Será suficiente hablar con una mujer sobresaliente que respalda la teoría de que la suerte es la voluntad de Dios. Como todas las otras historias que hemos encontrado en este libro, la de ella se relata aquí con propósitos de información, no de apoyo. Si sostienes una teoría diferente sobre la suerte, no es probable que esta teoría te haga cambiar de opinión. Lo que hará, si es que hace su trabajo de forma adecuada, es explicar por qué a algunos hombres y mujeres les resulta razonable creer que una inteligencia invisible controla todos los detalles de sus destinos.

Algunas palabras sobre el lenguaje antes de continuar. Esta inteligencia invisible tiene muchos nombres. Usaré la palabra cristiana y judía, «Dios», porque es agradable y corta y expresa el significado bastante bien para la mayoría de los propósitos. También usaré la designación clásica «él», pero *yo* lo hago solo como una conveniencia de estilo, no como un comentario sexista ni como un intento por negar la posibilidad de un dios grupal bajo diferentes religiones. Y para evitar tropezarme con pronombres pesados, no seguiré el estilo exageradamente beato de escribir «él» con mayúscula. Si hay un Dios, y si él lee libros, y si él es tan benevolente como sus adoradores dicen, es más probable, espero, que esto le divierta más de lo que lo ofenda.

Irene Kampen es autora. Quizá sea más conocida por *Life Without George*, un cálido y divertido libro en el que se basó el programa de televisión de Lucille Ball *Yo amo a Lucy*. Ha escrito muchos otros libros caracterizados por el mismo humor sardónico, todos basados en sus experiencias como mujer de clase media que suele vivir en los suburbios, y que intenta mantenerse a flote en un mundo confuso y no siempre amistoso. Tiene una buena cantidad de lectores leales. Sus libros y el show de televisión la han vuelto considerablemente adinerada y ha pensado bastante sobre esta fama y fortuna, pues le llegó de forma repentina e inesperada a la mediana edad. Antes de ello, se encontraba en un pozo de desesperación tan oscuro que parecía no tener salida.

—Si alguien se me hubiera acercado en 1960 y hubiera predicho que escribiría libros —comenta—, yo hubiera contestado «Ridículo». No pensaba escribir ningún libro. Y si la misma persona hubiera predicho que sería una Autora exitosa con A mayúscula, me hubiera reído con ganas. Estaba divorciada, quebrada, intentando criar a una hija. Era por completo infeliz. No había a donde ir. La vida parecía haber terminado para mí. Pero entonces…

Pero entonces llegó la suerte. Golpes colosales de ella, una serie completa de ellos, golpeando su vida como salidos de la nada. Cuando el polvo se asentó, el curso completo de su vida había cambiado drásticamente.

¿Suerte? Irene Kampen cree que todo fue planeado desde el principio por Dios.

—Fui puesta en la Tierra para hacer reír a la gente —asegura, absolutamente convencida—. Todo lo que me ha sucedido, incluyendo la miseria y el sufrimiento, fue designado para producir esto. Estoy donde estoy hoy porque Dios se encargó de ello. No puedo aceptar cualquier otra explicación como posible. Con el fin de que este cambio drástico ocurriera en mi vida, cientos de eventos separados debieron ocurrirles justo a las personas correctas, en el modo correcto, en los momentos correctos. Estos eventos debieron embonar como piezas de un rompecabezas. De haber faltado una pieza, todo el asunto habría colapsado, el proceso se hubiera detenido y hoy seguiría atorada donde estaba en 1960. Tengo que creer en que un poder superior se encargó.

Irene Kampen, con 50 años y pico, es una mujer con mucha gracia y extraordinario ingenio. Si es verdad que Dios la puso aquí para hacer reír a la gente, está sirviéndole bien. En Ridgefield, Connecticut, y sus alrededores, donde vive, está entre los oradores más populares en las reuniones del Club de Leones, almuerzos del Club de Mujeres y comedores del Rotary. Con frecuencia hace giras por el resto del país para hablar ante otros grupos. Sus audiencias casi siempre se van con una sonrisa. Ella niega que haya poseído este talento cuando era más joven. La habilidad de hacer reír a la gente —la calidad del ingenio mordaz y autocrítico que es su especialidad— fue creada y nutrida en ella, según cree, por el mismo planeador supremo que la manipuló hasta la posición de Autora. Irene siente que su vida estuvo planeada desde el principio de tal modo que, cuando se convirtiera en una escritora de libros, cumpliera con dos requisitos: una veta de experiencia de la cual escribir, y un carácter tan marcado por los eventos que la escritura sería graciosa.

Irene Kampen nació en Brooklyn. Su niñez fue feliz y relativamente libre de incidentes. Estudió periodismo en la Universidad de Wisconsin, una universidad que eligió a través de lo que, según creyó, era un proceso aleatorio. Ahora siente que la elección fue guiada con cuidado desde arriba. En Wisconsin conoció al joven que se convertiría en su esposo. En ese momento se estaba librando la Segunda Guerra Mundial, y él se enroló como piloto de bombardero. Ella trabajó por poco tiempo en un periódico mientras esperaba su regreso, pero no le gustó el empleo y renunció. El piloto de bombardero regresó y retomó su carrera interrumpida de ilustrador. Él e Irene se casaron, compraron una casa en Levittown, Long Island, y nació una hija.

—Este fue un periodo feliz en mi vida —recuerda—. Era una joven madre que vivía en los suburbios y nada más. En esos días podías ser una joven madre así sin sentir que tenías que inventar excusas para disfrutarlo. A mí me parecía grandioso.

Sin embargo, el destino ya estaba en marcha. Sus padres compraron una casa en Ridgefield. Irene y su esposo los visitaban de vez en cuando, les gustó la pequeña ciudad de Nueva

Inglaterra (hoy día una gran ciudad de Nueva Inglaterra) y con el tiempo decidieron asentarse ahí también. Para entonces, a su esposo le iba bien con su carrera. Podían pagar a un arquitecto para que diseñara su casa.

—El arquitecto y su esposa eran una pareja amistosa. Cuando terminamos de conversar de la obra, con frecuencia los cuatro salíamos a cenar. Luego de un tiempo, ocurrió que la esposa del arquitecto y mi esposo hablaban de mucho más que de trabajo. Se escaparon juntos.

Tras dos años de separación, Irene y su esposo se divorciaron. Ella conservó la casa en Ridgefield. Para mantenerse a sí misma y a su hija, fue a trabajar a la florería de su padre en Nueva York. Eso apenas cubría los gastos. Para ayudarla a mantener la casa y también porque se sentía sola, invitó a una amiga a mudarse con ella. La amiga era otra mujer divorciada de Ridgefield que tenía un niño pequeño.

Este periodo fue el más bajo en la vida de Irene Kampen.

—La única razón que tenía para vivir era mi hija. De no haber sido por ella... bueno, como sea, estaba en estos tiempos oscuros, a finales de la década de 1950; entonces comencé a ir a la iglesia. Antes no me había interesado seriamente la religión, pero ahora estaba desesperada por cualquier consuelo que pudiera conseguir. No recé para que las cosas mejoraran. Era demasiado pesimista para eso. Mi plegaria fue: «Sé que estoy acabada y no voy a pedir ninguna sorpresa de cuento de hadas. Solo, por favor, no dejes que todo empeore».

Ella no sabía que un distante motor del destino ya había comenzado un lento y laborioso giro en su dirección. Al otro lado del continente, en California, el atormentado matrimonio y sociedad comercial de Lucille Ball y Desi Arnaz se estaba quebrando. Irene recuerda haber leído la historia en una revista o un periódico. Sintió una breve punzada de empatía por la actriz de cabello cobrizo y entonces, desde luego, se olvidó de ella.

Un día, Irene conoció por casualidad a Karl Nash, editor del semanario *Ridgefield Press*. Nash mencionó que le preocupaba la falta de humor en su diario. Irene no había escrito nada desde su breve aventura periodística antes de casarse, y hasta esa reunión que por azar tuvo con Karl Nash, nunca se le había ocurrido la idea de continuar con esa carrera. Ahora cree que Dios la llevó deliberadamente a esa reunión con el editor. Esa noche volvió a casa, pensó respecto a lo que Nash había dicho y volvió a verlo unos días más tarde con la propuesta de escribir una columna humorística semanal respecto a eventos y personas locales. Nash vio algunas muestras que había escrito, le gustaron y le ofreció 5 dólares a la semana para continuar.

—No era mucho dinero —comenta—, pero en mi situación financiera no podía permitirme rechazar nada.

La columna, titulada *The Thursday Thing* (La cosa de los martes), se publicó por algunos meses. Entonces Nash comenzó a recibir quejas de ciertos personajes locales de quienes se había hablado en la columna y no estaban contentos. *The Thursday Thing* se canceló.

Los siguientes dos movimientos en la misteriosa manipulación de Dios ocurrieron un día en la biblioteca local. Irene fue ahí para devolver un libro y en el camino se encontró con un conocido, un artista. Él opinó que *The Thursday Thing* había sido excelente, que era una lástima que las columnas hubieran parado y que Irene debía recopilarlas en un libro. Irene le agradeció el consejo, pero dudó que fuera útil. Entró a la biblioteca para devolver su libro. Supuestamente era un libro de humor escrito por una mujer, pero a Irene no le pareció muy gracioso, y se lo comentó a la bibliotecaria. Entonces agregó:

—Yo podría escribir un libro más gracioso que este.

La bibliotecaria evidentemente estaba de mal humor ese día. Con frecuencia los bibliotecarios escuchan comentarios como el de Irene —«Podría escribir un mejor libro»—, y por lo general asienten amablemente y se guardan sus pensamientos. Sin embargo, esta bibliotecaria sintió la necesidad de sacárselo del pecho. Con aspereza sugirió que Irene Kamp debía ponerse la máquina de escribir en la boca.

—Es fácil decir que puede escribir un libro —dijo la bibliotecaria—. La gente viene aquí y lo dice cada semana. Una vez, solo una vez, me gustaría conocer a alguien que no solo lo dice, sino que lo hace.

Irene había sido alentada por las palabras del artista y, entonces, minutos después, pinchada por las de la bibliotecaria. La combinación fue poderosa. Los engranes en su interior comenzaron a girar. Esa noche, comenzó un libro sobre las experiencias de dos mujeres divorciadas viviendo en una casa con dos niños. Trabajó en él durante su tiempo libre por el siguiente año más o menos, sin un sentido de urgencia ni una idea de qué haría con él.

—Ni siquiera sabía por qué lo escribía —asegura—. Era más o menos un pasatiempo, algo para mantener la mente alejada de mis problemas. Supongo que debí soñar con que lo publicaran, pero no creía seriamente que eso pasaría. Solo seguí escribiendo sin pensar más allá de la siguiente página. Era un tipo curioso de impulso... no podía explicarlo entonces, pero creo que ahora puedo. El impulso vino de... algún lugar más allá de mí. Era parte del plan.

El siguiente elemento en este plan delicadamente construido fue una reunión casi por accidente en Nueva York.

—Iba de camino a tomar el tren de vuelta a casa cuando me encontré con un viejo amigo que no había visto en años. Un escritor de televisión. De no haberlo encontrado, todo se hubiera ido por el caño. La reunión fue una pieza esencial del rompecabezas. Me invitó un trago, le conté sobre lo que había hecho con mi vida y el resultado fue que le di una copia de mi libro sin terminar, y él se lo mostró a un editor de guiones de televisión. Pensaron que necesitaba más trabajo e hicieron algunas sugerencias para mejorarlo, en especial en términos de organización. Así que durante los siguientes meses lo corregí y reacomodé.

Si el plan de Dios iba a funcionar, era esencial que este libro ya corregido estuviera en existencia en cuanto la siguiente fase arrancara operaciones. Esta fase había comenzado cuando Cyril Ritchard, el actor, se mudó a Ridgefield. Primero lo conoció la madre de Irene, y después Irene. En una fiesta de fin de semana en la casa de Ritchard, Irene conoció a un escritor de Hollywood.

—Le dije: «Tengo algo en lo que estoy trabajando. Creo que es un libro». A él no le hubiera interesado mucho si solo hubiera dicho que iba a escribir un libro. Pero como tenía un manuscrito real para mostrarle, fue lo bastante amable como para decir que le gustaría verlo.

Le gustó. Se lo mostró a la editora de historias de la 20th Century Fox. Ella pensó que le gustaba, pero no estaba segura, y sugirió enviárselo a un agente literario de Nueva York que conocía.

Es probable que el agente no lo habría leído si hubiera llegado simplemente por su ventana de manos de una desconocida mujer de los suburbios. Pero como llegó con una recomendación de una importante editora, el agente lo leyó, le resultó prometedor y se lo envió a un editor. Al editor le gustó y ofreció un adelanto de 1 000 dólares y un contrato de regalías estándar.

—Estaba anonadada —dice Irene—. Para mí, en aquel entonces, mil dólares era una fortuna. Habría sido feliz con que alguien publicara el libro, pero que de hecho me dieran dinero por adelantado... ¡Eso fue fantástico!

Su agente fue menos entusiasta. Un adelanto de 1 000 no era mucho. Con esa oferta, los editores estaban diciendo tácitamente que en realidad no esperaban vender muchas copias del libro. Más para guardar las apariencias que por otra razón, el agente pidió algunos cambios en el contrato. Uno de ellos fue la solicitud de que, en caso de que cualquier parte del libro fuera vendida a la televisión, todas las ganancias de esa fuente irían a la autora. El editor, sin duda riéndose de esta fantasía, aceptó sin problema.

—Obviamente era ridículo soñar con la televisión entonces —concede Irene—. De hecho, a mí también me causaba gracia.

Sin embargo, allá en California, Lucille Ball y Desi Arnaz estaban separados a la mala. La actriz un tanto amargada estaba en busca de un nuevo «vehículo», como se dice en «televisionlandia». Ella y su amiga, Vivian Vance, querían encontrar alguna clase de comedia en la que no hubiera papeles importantes para hombres. Habían buscado por tres años y estaban cada vez más desesperadas.

Un día, el agente de Lucille Ball compró una copia del libro de Irene Kampen. El show se transmitió por siete años y hoy día sigue viéndose en televisión.

Como con cualquier otra historia sobre la suerte, es cierto que no hay una sola interpretación. Sería perfectamente posible relatar la historia de Irene Kampen desde el punto de vista de la aleatoriedad, la astrología, las fuerzas psi o cualquier otra teoría. Ella misma admite esto, aunque con renuencia y solo a veces. Para ella, la interpretación religiosa es tan real como los hechos mismos que conformaron la historia.

Quizá tu propia interpretación difiera, y quizás estés igual de seguro que tienes razón. De acuerdo. Sin embargo, no pierdas el tiempo intentando convencer a los demás de tu interpretación. Los únicos hombres y mujeres que te escucharán serán aquellos que ya creen lo que tú crees. Una vez que la gente ha llegado a conclusiones sobre la naturaleza de la suerte —incluso conclusiones vagas—, es muy raro que cambien de opinión.

CAPÍTULO 3

AMULETOS, SEÑALES Y PRESAGIOS

Mi padre solía contar una historia sobre causas y efectos. Cada día, exactamente al mediodía, un sujeto se presentaba en una ajetreada esquina con una bandera verde y una corneta. Ondeaba la bandera, soplaba algunas notas en la corneta, pronunciaba algún encantamiento misterioso, y se iba. A un policía que había observado este ejercicio por un periodo de varias semanas, por fin lo venció la curiosidad. «¿Qué diablos haces?», preguntó el policía. «Mantengo alejadas a las jirafas», respondió el sujeto. El policía dijo: «Pero no hay jirafas por aquí». El sujeto concluyó: «Qué buen trabajo hago, ¿no?».

Los personajes en esta historia cambiaron con los años y a menudo hubo elementos obscenos en ella, pero el punto siempre era el mismo. Mi padre la contaba para refutar lo que llamaba «malditas supersticiones tontas», categoría en la cual incluía todas las creencias ocultistas y místicas sobre la suerte. Él era un banquero suizo, un hombre firmemente plantado en la cultura industrial pragmática de Europa occidental y Estados Unidos. Si no podía ver que una causa operaba para producir un efecto —si no veía con precisión cómo se vinculaban los dos en términos de leyes físicas conocidas— dudaba que existiera algún vínculo.

Y por ello contaba la historia de la jirafa siempre que alguien intentaba ofrecer evidencia en apoyo de la astrología: «¡Mi horóscopo predijo exactamente lo que me sucedería esta semana!». O de los números de la suerte: «¿Lo ves? ¿Qué te dije? ¡Sabía que todo saldría bien porque hoy es el sexto día del mes!». O de las cartas del tarot, las hojas de té, gatos negros, escaleras, sal derramada, espejos rotos, patas de conejo o cualquiera de los cientos de otras cosas que supuestamente predicen o influyen en la suerte.

Desde luego, el punto de la historia era indiscutiblemente sensato. Es una falacia lógica inferir una relación de causa y efecto a partir de la mera proximidad. Cuando dos eventos ocurren de forma simultánea o consecutiva, puede o no ser verdad que uno es la causa del otro. Si un gato negro pasó frente a ti la semana pasada y te rompes la pierna esta semana, sería injusto culpar al gato.

Por otro lado, insinúan algunos… ¿Quién sabe? Quizá sea una falacia igual de errónea negar la existencia de un vínculo causal solo porque no puedes verlo. Los seguidores de la astrología y otras creencias místicas y ocultas consideran este pensamiento como un pilar principal —aunque no muy firme— de sus diversos razonamientos. Ellos argumentan que nuestra cultura dura, práctica y orientada a los objetos concede muy poco espacio para aquello que no puede pesarse, medirse o analizarse en una computadora. «Solo porque algo no pueda ser explicado en términos de tu ciencia materialista occidental», dicen, «eso no es razón para…».

Citan mucho a Hamlet. Hamlet dice: «Hay más cosas entre el cielo y la tierra, Horacio, que todas las que pueda soñar tu filosofía». Hamlet intenta decirle a su amigo que acaba de tener una larga conversación con un fantasma. No obstante, a quienes usan esta cita tan manida como arma de debate normalmente se les «olvida» añadir que Horacio no estaba muy convencido. Él optó por una teoría menos ocultista: que probablemente Hamlet estaba loco.

Tanto Hamlet como Horacio tenían derecho a cada una de sus interpretaciones de los eventos, y también lo tenía mi padre, así como todos los que discutían con él, y también tú y yo. Una característica respecto a las explicaciones ocultistas y místicas de la suerte es que muchas veces dejan entrever algo de curiosidad por saber si crees o no en ellas. También están esperanzadas (o quizá locas), pues sugieren que es posible predecir o controlar la suerte de alguien… o, tal vez mejor, lograr su control a favor de alguien mediante un poder benévolo tal como Dios o un número de la suerte. Hemos escuchado historias sobre Dios y números. Ahora echemos un breve vistazo a otras creencias místicas comunes.

La astrología es la fe que sostiene que los asuntos humanos están influidos por las posiciones, los movimientos y las relaciones del sol, la luna, las estrellas y los planetas.

—Si puedes ver una estrella —dice Joseph Goodavage, un astrólogo—, entonces es obvio que te está alcanzando su luz, su radiación. Si su radiación está incidiendo en ti, es plausible que te esté influyendo de algún modo. ¿De qué modo? Eso no lo sabemos, como no sabemos con exactitud cómo funciona la fuerza de gravedad. Pero podemos observar y catalogar los efectos, y eso es lo que los astrólogos han estado haciendo por miles de años. La astrología es una ciencia empírica. Sabemos, mediante observaciones, que un patrón dado en el cielo producirá ciertos efectos en las vidas de las personas en la Tierra.

Algunos acusarían a Goodavage y sus colegas observadores de estrellas del pecado lógico de seleccionar la evidencia. Por ejemplo, los astrólogos sostienen que los hombres y las mujeres que nacen bajo el signo solar de cáncer tenderán a parecerse en ciertos aspectos. Para probar ese punto, ofrecerán una lista de cancerianos que exhiben las características correspondientes. Sin embargo, su expediente de evidencia no incluye *1)* Personas nacidas en cáncer que no son así, o *2)* Personas nacidas en escorpio que sí lo son. Eso aseguran los escépticos. La respuesta de Goodavage es que los escépticos han estudiado el problema de un modo demasiado superficial o no lo han estudiado para nada. Si un hombre nacido en cáncer se desvía del patrón de personalidad y vida modelo del cáncer normal, la razón obvia (obvia para los astrólogos, claro) resultará ser —convenientemente— que el signo solar del hombre no es la influencia más fuerte que obra en este caso. Quizá las posiciones de la Luna y Saturno fueron más importantes en la hora y el lugar de su nacimiento.

Otra astróloga famosa, Madeleine Monnet, hizo una sugerencia simple cuando le llevé mis preguntas.

—Inténtalo —dijo—. No tienes que darle una oportunidad para siempre, solo una justa. Ya lo verás. Funcionará.

Poco después, mi esposa Dorothy y yo vimos un anuncio intrigante en un periódico. Ofrecía algo llamado «Horóscopo de la Suerte de Vida… El secreto para tener buena suerte». De acuerdo con el anuncio, este nuevo tipo de horóscopo lo había desarrollado una organización que se hacía llamar la Asociación Astrológica Internacional (IAA, por sus siglas en inglés), con base en Canton, Ohio. La astróloga en jefe de la IAA era una mujer llamada Cary Franks, cuyo apodo (según el anuncio) era Dama Fortuna. El precio del Horóscopo de la Suerte de Vida era de diez dólares.

Dorothy envió un cheque, junto con los datos particulares sobre su hora y lugar de nacimiento. Dama Fortuna envió un panfleto de treinta páginas que decía a Dorothy mucho más de lo que quería saber sobre sus años, días, horas, colores, números, «áreas de asociación» y otros asuntos de la suerte. Era complicado. Sin embargo, un punto que parecía resaltar era que un periodo de suerte inusualmente buena se aproximaba en su vida. Y que se extendería desde finales de la primavera hasta principios del verano de 1976.

—¡Vamos a ser ricos! —dije. La alenté a comprar un montón de boletos en la lotería estatal. Lo hizo, y no ganamos ni un centavo.

Ni llegó a ocurrir nada afortunado mientras continuó el periodo supuestamente bendito. De hecho, a Dorothy la golpeó una porción de suerte de veras mala cierto día en que se suponía que esta racha de buena fortuna debía estar en su punto máximo. Hacía poco había vuelto a la universidad para completar el grado que había interrumpido años atrás. En este día presuntamente bueno tenía programado presentar un examen final de matemáticas, la única materia que odia y teme. El tiempo asignado para el examen fue de dos horas. Cuando recibió su montón de hojas y descubrió que tenía 16 páginas, entró en pánico. En su prisa por terminar antes de que se agotara el tiempo, cometió errores en problemas que pudo haber manejado con facilidad aun si se hubiera tomado su tiempo. Solo cuando llegó a la página ocho se dio cuenta de que el destino le había jugado un cruel truco. La página ocho era la última página: le habían dado dos exámenes engrapados juntos.

Les hablé de esto a algunos entusiastas de la astrología, quienes me reprendieron por haber proyectado mis propias suposiciones y expectativas no deseadas en la predicción de la Dama Fortuna. La Dama Fortuna había predicho que el periodo bendito sería de suerte, pero nunca había dicho qué forma tomaría la suerte. No había prometido que Dorothy ganaría un montón de dinero en la lotería, ni que resolvería los exámenes universitarios sin problemas. «Solo espera y verás», dijeron los observadores de estrellas. «Antes de que termine el periodo, habrá buena suerte de algún modo. Probablemente será una forma que no esperas».

Tenían razón. Dos eventos similares y bastante destacados ocurrieron uno tras otro. Ambos tenían que ver con dinero perdido y encontrado. El primer episodio tuvo lugar algunos días después del fatídico examen de matemáticas. Dorothy estaba sentada en unas escaleras afuera de uno de los edificios de la universidad, esperando a una amiga. La amiga se retrasó, así que Dorothy comenzó a leer un libro. Era una tarde con viento, el aire estaba lleno de hojas secas, pedazos de papel y otros escombros voladores. Estaba tan absorta en su libro que prestó muy poca atención a esto, hasta que algo le golpeó la cara. Intentó quitárselo pero el viento lo retuvo ahí. Se lo quitó de la mejilla y lo vio. Era un billete de veinte dólares.

De pronto, se dio cuenta de que estaba sentada en una tormenta de dinero. Billetes de veinte, de diez, de uno estaban volando por el aire, crujiendo por los escalones y por el piso, aplastados contra muros y arbustos. Saltó y comenzó a juntarlos. Mientras los perseguía, pisoteaba y atrapaba, seguía mirando alrededor en busca de una pista sobre dónde se había originado esta extravagante tormenta, pero no había nadie más a la vista.

Al final no vio más dinero suelto. Mientras estaba ahí con ambas manos repletas de papel verde, preguntándose qué hacer a continuación, una chica con una expresión de susto salió del edificio. Los ojos de la chica se abrieron de par en par cuando vio a Dorothy de pie al fondo de las escaleras, totalmente desconcertada.

—¿Ese dinero es tuyo? —preguntó la chica con voz temblorosa, como si estuviera a punto de llorar.

Dorothy dijo que no, que acababa de encontrar el dinero volando por el aire.

La chica dijo:

—¡Oh, gracias a Dios! —Sus rodillas se vencieron y se sentó en los escalones, débil pero aliviada.

El dinero no era suyo, sino que lo habían juntado con ventas de boletos para un banquete de generación. Iba de camino a entregarlo a la oficina encargada de los arreglos. Lo había puesto en el bolsillo de sus jeans. Minutos antes, cuando llegó a la oficina, había descubierto con horror que más de la mitad del dinero se había caído de su bolsillo.

—No sé si hubiera podido reponerlo —le contó a Dorothy—. Apenas si puedo pagar mis cuentas. Oh, espero que lo hayas levantado casi todo.

—¿Cuánto te falta? —preguntó Dorothy.

—Exactamente 122 dólares —respondió la chica.

Contaron el dinero en las manos de Dorothy. La cantidad era de 122 dólares. Había recuperado hasta el último dólar.

Así —algo que el pronóstico de la Dama Suerte no decía específicamente—, Dorothy se convirtió en un instrumento para la rara buena suerte de alguien más. Esto se tradujo en agradable ganancia inesperada para Dorothy: la sonrisa en el rostro de la chica lo valía.

El segundo episodio fue un reflejo del primero. Nuestra familia se detuvo cierta tarde en una de esas heladerías de la cadena Carvel ubicadas en el camino. Había sido un día caluroso de verano y el lugar estaba atiborrado de gente de todas las edades, tamaños y (uno asumiría) grados de honestidad. Sin saberlo, a Dorothy se le cayó la cartera de la bolsa. La cartera contenía unos 90 dólares en efectivo, además de su licencia de conducir, sus tarjetas de crédito y otros papeles de valor.

Descubrió la pérdida al día siguiente. Cuando volvimos a Carvel, el gerente le devolvió tranquilamente la cartera completa.

Al parecer había tenido lugar una secuencia bastante sorprendente de eventos, ya que muchas personas habían manipulado la cartera y cada una de ellas había tenido la oportunidad de irse con ella o extraer el contenido, pero ninguna lo hizo. Un niño la vio en el piso y se la entregó a su madre; ella se la dio a una de las chicas adolescentes que trabajan detrás del mostrador y ella la puso en un estante; alguien más la había llevado a otro lugar, y un tercer empleado se la entregó al gerente. Nadie tomó un solo dólar.

Dorothy estaba tan feliz que llevó a los empleados de Carvel una botella de champaña. Me pregunté si también deberíamos enviarle una a la Dama Fortuna como disculpa por nuestra amarga valoración inicial de su pronóstico. Por un tiempo me pareció buena idea, pero entonces, en algún lugar en el fondo de mi mente, escuché a mi padre hablando sabiamente, muy sabiamente, sobre jirafas.

Algunos piensan que los sueños contienen información sobre señales y presagios futuros que, si se reconocen debidamente y se actúa en conformidad, pueden ayudar a que el soñador controle lo que de lo contrario sería incontrolable. Hay gente que cree que los sueños les han ayudado a ganar loterías y apuestas en los caballos, a tomar las decisiones de trabajo correctas, a conocer a las parejas ideales para casarse, a encontrar objetos de valor y personas perdidas, a no abordar barcos que estaban a punto de hundirse o aviones a punto de estrellarse.

Por lo general, los sueños parecen consistir de disparates, así que probablemente no es sorprendente que se hayan escrito una buena cantidad de disparates sobre ellos. Aparecen en todo tipo de lugares, desde los diarios de cultos místicos raros hasta los de psicoanalistas. Peor aún, muchos de ellos son disparates aburridos, pues hay pocas cosas menos interesantes que la narrativa del sueño de alguien más. Peor aún, es un tipo de material que puede estar plagado de inexactitudes o mentiras descaradas, ninguna de las cuales se puede verificar. Si alguien dice: «No abordé el *Titanic* debido a un sueño que tuve en el que me ahogaba», no hay modo de averiguar con certeza si el supuesto sueño de verdad ocurrió. Un sueño nunca deja atrás ninguna evidencia fáctica de su existencia. Solo puedes tomar la palabra del soñador, y dado que algunas personas se sienten muy, pero muy orgullosas de sus sueños, tomarles la palabra no siempre es del todo prudente.

Por lo tanto, he preferido hablar con personas que no tienen el deseo o la necesidad de probar nada sobre estas aventuras extrañas e irracionales que nos visitan cuando dormimos. Una de esas personas es Charles Kellner de Hillsdale, Nueva Jersey, un fabricante de chapas metálicas que ahora trabaja como cantinero. Charlie Kellner es un hombre relajado y amigable de 50 años y pico. Le gusta trabajar en bares donde los fanáticos de los deportes y los apostadores se reúnen porque es un coleccionista entusiasta de historias sobre la suerte. Él no alimenta supersticiones propias, pero tampoco rechaza las creencias ocultistas. Cuando una aventura aparentemente ocultista le ocurre, la atesora como una historia que contar, pero no hace ningún esfuerzo por reclutar creyentes. La cuenta con una sonrisa, lo cual por lo general invita a sus escuchas a reírse de él y a la vez dudar si él se estará riendo de sí mismo.

Él cuenta una historia intrigante sobre sueños.

—La suerte parece venir a mí en ciclos —explica—. Hay momentos de mala suerte y momentos de buena suerte. No solo la suerte viene en ciclos, también las cosas —ya sabes, las ideas supersticiosas— que parecen estar conectadas a ella. Como los sueños. He conocido a muchos apostadores de caballos y otras personas que dicen que sus sueños les dicen en qué apostar, pero nunca le he prestado atención a mis propios sueños ni me han resultado útiles... excepto uno que me ocurrió un mes del año pasado. Me encontré de repente en los asuntos de los sueños. Nunca me había pasado y desde entonces no ha vuelto a pasar, pero fue una locura. Ese mes gané más dinero soñando del que he ganado trabajando. Mi esposa dice que debería quedarme dormido todo el tiempo...

Todo comenzó con un sueño sobre una casa encantada. Los sueños pocas veces son lógicos, y este no fue la excepción: Charlie Kellner había comprado la casa y se la mostraba orgulloso a un grupo de amigos. A ellos no les gustaba y le decían que era un tonto por haberla comprado. Él quería mostrarles que no estaba asustado. Por alguna razón que la trama del sueño no dejó clara, a él le parecía que podía demostrar una natural indiferencia si salía por la puerta de enfrente y leía el número de la casa en voz alta. Era un número de tres dígitos, 283. Se paró frente a la casa y gritó el número con valentía por toda la calle.

Al despertar, el número se había grabado en su mente. Hasta donde podía recordar, no era un número que hubiera tenido alguna importancia para él. Solo parecía una colección aleatoria de tres dígitos ensamblada por su cerebro dormido. Se quedó con él todo el día y seguía ahí cuando fue a comprar su boleto habitual de cincuenta centavos para el juego de números *Pick-It* de Nueva Jersey.

Pick-It se juega adivinando un número de tres dígitos. Hay varios premios por adivinar números parcialmente correctos. El gran premio es para quienes adivinan los tres dígitos en el orden correcto.

Charlie Kellner le apostó al 283.

—No tenía fe alguna en el sueño —asegura—, ni creencias supersticiosas ni nada de eso. Pero cuando apuestas a uno de esos juegos de números, una suposición es tan buena como cualquiera. Pienso que bien puedes divertirte un poco y apostar a números que tienen cierto significado para ti, aunque sea un significado loco.

El número 283 fue el ganador, y el estado de Nueva Jersey le entregó a Charlie 500 dólares.

Unas cuantas noches después, tuvo un sueño vívido sobre su madre, quien había muerto años atrás. Cuando fue a comprar su boleto de lotería a la mañana siguiente, pensó que sería divertido apostar al número de la antigua casa de su madre, 539. Con ese número ganó otros 500 dólares.

Y así continuó. Los sueños de noches subsecuentes produjeron números ganadores de tres dígitos.

—¡Estaba llevando al estado a la bancarrota! —dice Charlie.

Entonces el misterioso talento onírico se desvaneció tan pronto como llegó. Desde entonces, Charlie no ha tenido otro sueño que le haya sido de utilidad.

—Fuera lo que fuera, ya no está —comenta animadamente— De hecho, incluso se volvió en mi contra. Hace un par de meses tuve un sueño sobre un edificio en el que trabajé alguna vez. El edificio tenía un número de tres dígitos que vi claramente en mi sueño, así que le aposté al día siguiente. Bueno, no solo perdí mis 50 centavos, sino que me di cuenta de que había recordado el número equivocado. Incluso de haberlo recordado bien, igualmente hubiera perdido. Eso solo demuestra… —Hace una pausa y permanece sentado por un rato, desconcertado. Bueno —dice por fin—, no sé qué demuestra.

CUARTA PARTE

EL AJUSTE DE LA SUERTE

LA AVENTURA

AHORA LLEGAMOS AL NÚCLEO DE NUESTRO VIAJE

Nos hemos abierto paso por este laberinto a través de muchos caminos extraños y retorcidos, y por fin nos encontramos en el centro donde se resguarda el último misterio. Estamos preparados para preguntar: ¿cómo podemos cambiar nuestra suerte?

Hemos visto que existen muchas teorías sobre la suerte y cómo manejarla. Cada teoría tiene sentido para algunas personas pero no para otras. Incluso la teoría de la aleatoriedad, con apariencia venerable de ciencia respetable, sigue siendo solo una hipótesis. Sus discípulos, a menudo asertivos, insisten en que lo que dicen es obvia y demostrablemente cierto, pero no hay forma en que estos preceptos puedan probarse. Todas las teorías son iguales en este aspecto: no es posible probarlas a nadie que elija creer en algo más.

Hemos visto algunas de las teorías más comúnmente compartidas sin insistir en que se deba elegir una entre ellas. Cada teoría se ha presentado de la mejor manera posible, dentro de las limitaciones obvias del espacio disponible. Cada una ha sido explicada y justificada por algunos de sus discípulos más elocuentes. No obstante, es poco probable que tus puntos de vista personales sobre la suerte hayan cambiado radicalmente desde que comenzaste a leer este libro, pues nunca fue su propósito defender o favorecer una teoría sobre las demás. Quizás se reforzaron algunos de tus puntos de vista preexistentes o tal vez te surgieron nuevas rutas de pensamiento. No importa. Sin importar lo que creas, sigue creyéndolo. Lo que desees explorar, explóralo. No estoy a punto de pedirte que cambies de opinión.

El ajuste de la suerte tiene la intención de complementar, no de suplantar, cualquier teoría de la suerte. Puede funcionarte ya sea que creas en la aleatoriedad, en presagios místicos o en cualquier otra cosa. No se trata de una teoría, sino de un conjunto de observaciones.

Las observaciones derivan de una pregunta: ¿qué hace la gente afortunada que la gente desafortunada no hace? He hecho esta pregunta a tantos hombres y mujeres en los últimos veinte años que hace mucho perdí la cuenta. Con certeza el número está por encima de los mil, una muestra estadística justa. He revisado mis observaciones con las de psiquiatras, apostadores, especuladores y otras personas que, se puede asumir, tienen algún conocimiento especial del tema o han pasado más tiempo que el promedio pensando en ello. Cada una de estas personas basa sus observaciones en su propia muestra informal y especializada: en el caso de un psiquiatra, por ejemplo, una muestra de pacientes que han pasado por su consultorio; en el caso de un apostador, una muestra de los ganadores y perdedores que recuerda.

Resulta que hay cinco características sobresalientes que distinguen a los afortunados de los desafortunados. Estas cinco características —actitudes hacia la vida y hacia otras personas, manipulaciones psicológicas internas, formas de hablarse a sí mismo— aparecen una y otra vez en las historias de hombres y mujeres que parecen disfrutar de buena suerte de forma consistente, y están notoriamente ausentes en las historias de los desafortunados. Estos son los cinco componentes del ajuste de la suerte.

CAPÍTULO 1

LA ESTRUCTURA DE TELARAÑA

Una araña teje muchas líneas para atrapar moscas, y entre más grande sea su red, mejor come. Es igual con aquellos que atrapan la buena suerte. En general, y con excepciones, los hombres y las mujeres más afortunados son aquellos que se han tomado el tiempo de crear una gran cantidad de contactos amistosos con otras personas. Veamos por qué y cómo funciona la estructura de telaraña.

O. William Battalia es un instrumento de la suerte. Es su trabajo, y en la mayoría de los casos su placer, llevar buena fortuna a otras personas. La suerte que lleva (cuando la aceptan) cae de forma repentina y casi siempre genera un impacto enorme, capaz de cambiar sus vidas. Él se acerca a sus afortunados objetivos sin previo aviso, como una enorme ave benévola que aparece de pronto en un cielo azul que estaba vacío momentos antes. A menudo piensa en las circunstancias que lo hacen tomar a un hombre o mujer como objetivo y no a alguien más que podría merecerlo igual. En esas circunstancias se encuentra oculta la primera de las razones para que algunos sean más afortunados que otros.

Bill Battalia recluta ejecutivos (o en la jerga empresarial es un *head hunter*). Su firma, Battalia, Lotz and Associates, está entre las más importantes de Nueva York. Sus clientes son compañías industriales importantes, bancos, agencias de publicidad, organizaciones de servicios; la mayoría son grandes, muchas tienen nombres famosos; todas son ricas. Cuando una de ellas tiene un trabajo de nivel ejecutivo que cubrir y no puede hacerlo con ascensos internos, llaman a Battalia. Se le entregan algunas instrucciones, por lo general una descripción detallada del hombre o la mujer ideales a quienes la compañía gustaría instalar en el escritorio vacío. «Necesitamos un vicepresidente que desenrede nuestros problemas de ventas», le dirán. «Esta persona debe tener entre 40 y 50 años; al menos diez años de experiencia administrando vendedores, con un excelente registro; experiencia en viajes de ventas de bienes al consumidor con distribuidores; tiene que hablar español fluido además de inglés; debe tener una personalidad atractiva, con talento para hablar ante grupos grandes…».

En resumen, la compañía quiere ofrecerle una oportunidad dorada de crecimiento a algún hombre o mujer afortunados que aún no conocen. El salario y otras remuneraciones usualmente superan los 35 000 dólares al año y pueden acercarse o superar los 100 000. Obviamente, Battalia sabe que no tendrá sentido buscar personas que ya ganan la cantidad que se ofrece o cuyos trabajos los satisfacen en términos de perspectivas futuras. Debe realizar la cacería entre personas para quienes ese empleo será un progreso; para quienes, en general, su repentina aparición de la nada será un golpe de suerte importante o quizá colosal.

—Siempre hay cierta sensación de frustración cuando comenzamos a buscar —comenta—. Como que hay cientos de candidatos potenciales dispersos por todo el país, pero de esos cientos solo encontraremos una fracción. De hecho, más que una sensación, es una certeza. Algunas personas simplemente no son visibles.

Battalia realiza su búsqueda recorriendo muchos caminos. Busca en listas de miembros de asociaciones profesionales; revisa periódicos comerciales y profesionales; busca a personas que hayan escrito artículos en el área de experiencia que se requiere; pasa el tiempo en convenciones y conferencias de negocios, y en seminarios académicos.

También realiza una cantidad enorme de llamadas telefónicas, manda montones de cartas, y pregunta de costa a costa: «¿Conoces a alguien que…?».

Los candidatos que encuentre y, al final, presente a su cliente, serán personas que, de algún modo u otro, se han hecho a sí mismos visibles. Algunos incluso deliberadamente. Hay hombres y mujeres que prestan mucha atención a la publicidad personal a lo largo de sus carreras. Participan en todas las asociaciones y sociedades que los acepten, todo el tiempo envían artículos a revistas profesionales, intervienen en conferencias, hacen todo lo que se les ocurra para mantener su nombre ante los ojos del mundo. Detrás de esta actividad a veces frenética, se encuentra la esperanza consciente de que los buscarán personas que ofrecen empleos más grandes y mejores; entre otros, los *head hunters* como Bill Battalia.

—Pero de todas las personas que encuentro —dice Battalia—, solo un pequeño porcentaje ha realizado deliberadas campañas de publicidad para ayudarme a verlos. La mayoría son personas que nunca han dedicado mucho tiempo a pensar en la posibilidad de ser el objetivo de un reclutador. Muchas de ellas son simples personas que de algún modo han hecho que los conozcan muchas otras personas, usualmente sin pensarlo. Es su estilo. Son gregarios. Se toman el tiempo de ser amistosos. Hablan con extraños. Se reúnen, saludan, dan la bienvenida. Si se sientan junto a alguien en un avión, comienzan una conversación. El tipo que les vende el periódico matutino es más que solo un rostro. Saben su nombre, cuántos hijos tiene y a dónde fueron de vacaciones. Ese es el tipo de gente que puedo encontrar.

Battalia y su antiguo socio, Jim Lotz, solían pasar un tiempo considerable analizando las cadenas de circunstancias que los llevaban a un candidato ganador u otro. La mayoría de estas resultaban ser simples cadenas de conocidos. Una historia particularmente ilustradora concernía a Catherine Andrews, una mujer que había comenzado su carrera profesional como secretaria y, antes de cumplir los 40 años, debido a la repentina aparición de Battalia y Lotz, se convirtió en directora de personal de un banco. En ese único movimiento ganó más del doble de su salario anterior y amplió enormemente sus horizontes. Parecía un golpe ciego de suerte, pero los análisis del trasfondo mostraron que, sin darse cuenta, en gran medida ella se había encargado de su propia suerte.

Lo que hace que su historia sea interesante es que hubo otra vida que se había desarrollado en paralelo a la suya por mucho tiempo. Esta otra vida era la de una amiga de la preparatoria, Evelyn Taylor. La vida de Evelyn no era afortunada, sino una vida oscura. Los reclutadores solo supieron de ella porque Catherine Andrews la mencionó por casualidad cierto día durante un almuerzo. Catherine dijo:

—No sé por qué me sigue de esta forma la buena suerte. ¿Por qué yo? ¿Por qué no mi amiga Evelyn?

Las respuestas a las preguntas de Catherine se encontraban lejos, en el pasado.

Tanto ella como Evelyn Taylor habían crecido juntas en un suburbio de Detroit. Habían sido amigas inseparables en la preparatoria, asistieron juntas a la universidad, buscaron trabajo juntas. Las oportunidades laborales para las mujeres eran bastante limitadas a finales de la década de 1950, y ambas concluyeron que su mejor esperanza para tener un ingreso inmediato era solicitar trabajo como secretarias. Una compañía de seguros las contrató a las dos para trabajar en su departamento de cobranza.

En menos de un año, las diferencias entre ellas comenzaron a afectar sus carreras. Catherine era de lejos la más amistosa de las dos. A la hora del almuerzo en la cafetería de la compañía, ella hablaba con cualquiera que estuviera cerca: personas detrás de ella en la fila para la comida, personas que se sentaran en la misma mesa. La compañía era grande y la mayoría de los empleados no se conocían entre sí. A Catherine le gustaba hablar con extraños y averiguar sobre sus vidas y pensamientos. La rica variedad de humanidad era su entretenimiento, algo que la aliviaba del aburrimiento de su trabajo. Por otro lado, Evelyn no tenía interés alguno en los extraños, a menos que fueran hombres jóvenes y atractivos. Mientras Catherine charlaba animadamente con toda clase de personas en las mesas de la cafetería, Evelyn se sentaba a su lado, decía muy poco y lucía aburrida.

Un compañero de trabajo con quien Catherine entabló una amistad informal a la hora del almuerzo era un hombre mayor que trabajaba en el departamento de personal. Él aprendió dos cosas sobre Catherine en sus conversaciones ocasionales al mediodía: que estaba aburrida de su trabajo actual y que tenía algunas ideas originales sobre maneras prácticas de ampliar las oportunidades profesionales de las mujeres. Un día pasó junto a ella en un corredor, le llegó de pronto una idea y la detuvo. Había una vacante en el departamento de personal, le dijo. Si le interesaba, él vería cómo hacer para que la transfirieran.

Era principalmente un trabajo de secretaria, pero con algunas características interesantes. En ese entonces, la compañía estaba preocupada por la tasa alta de deserción, que además iba en aumento, entre sus empleadas. Se había tomado la decisión de entrevistar a cada mujer que renunciaba y, de ser posible, averiguar por qué estaba descontenta y cómo se podría hacer más atractivo el empleo. La vacante en la oficina de personal incluía la responsabilidad de realizar estas entrevistas.

Catherine tomó el empleo. A Evelyn, quien seguía en el departamento de Cuentas por Cobrar, le pareció un golpe de suerte pura y ciega. Catherine pensó lo mismo.

—La oportunidad me llegó de un hombre al que apenas conocía —musitó muchos años después.

Sí, era suerte. Pero ella se había puesto en la posición justa para recibir esa suerte al haberse dado a conocer con muchas personas. No había manera de que supiera por adelantado cuál de esas personas le traería un golpe de suerte, ni cuándo ni qué forma tendría. Pero al construir una red con muchas líneas, había incrementado las probabilidades estadísticas de que ocurriera algo en algún momento.

Luego de dos años en ese empleo, Catherine se liberó de lo que llama la «trampa para secretarias» y fue asignada a otras labores. Se convirtió en entrevistadora de tiempo completo y charlaba tanto con empleados que renunciaban como con candidatos. Algunos años después, a través del proceso normal de desgaste desde arriba y ascenso desde abajo, se convirtió en asistente personal del director. Tanto por elección como por asignación, sus principales áreas de responsabilidad eran los problemas especiales y acrecentar las posibilidades de emplear más mujeres.

Una de las entrevistas a empleadas que se fueron, aunque le resultó dolorosa, fue con Evelyn. Ella había encontrado un empleo con un salario un tanto mejor, pero seguía siendo secretaria. A ella no le había llegado ninguna suerte notable. Desde entonces se ha casado y divorciado, y hoy día trabaja nuevamente como secretaria.

Catherine estuvo cerca de casarse dos veces en la década de 1960, pero en ambos casos no lo hizo porque previó conflictos entre sus futuros esposos y su carrera. La carrera continuó siendo bendecida por la buena suerte. Un día, sonó su teléfono y la voz de un hombre le dijo:

—¿Señorita Andrews? Mi nombre es Bill Battalia...

¿Cómo y por qué había llegado Battalia hasta ella? Es una historia intrigante.

El cliente de Battalia, una institución bancaria, necesitaba una directora de personal y estaba dispuesto a pagar generosamente con tal de encontrar a la persona adecuada. El banco había experimentado algunas dificultades, disruptivas y costosas como consecuencia de problemas respecto a discriminación sexual entre los empleados. Las instrucciones de Battalia fueron encontrar a una ejecutiva con experiencia quien, entre otras cosas, poseyera un conocimiento profundo respecto a los derechos laborales de las mujeres y que hubiera demostrado de forma clara una capacidad para satisfacer las necesidades de las mujeres sin, al mismo tiempo, alterar a los hombres. Una de las fuentes de información de Battalia era una profesora universitaria que había escrito sobre tales problemas en una revista de relaciones laborales. Cuando Battalia le explicó lo que quería, la profesora sonó pesimista al principio.

—La mayoría de mis contactos están en el mundo académico —dijo—, son gente como yo. Puede que sepa mucho sobre los problemas, pero en cuanto a la experiencia de primera línea que buscas…

La profesora hizo una pausa, y de pronto dijo:

—Espera un momento. Resulta que la semana pasada hablé aquí con una mujer. Tuvimos un seminario sobre derechos laborales y problemas relacionados. Asistieron muchas personas pertenecientes a corporativos. Esta mujer trabaja en una compañía cerca de Detroit, creo, y me contó sobre algunas innovaciones interesantes que estaba desarrollando ahí. Ahora, si tan solo pudiera recordar su nombre…

Resulta que su nombre era Catherine Andrews. Ella había asistido al seminario como parte de un programa de educación continua. Fiel a su propio estilo, había platicado con todo el mundo. Había abordado a la profesora una noche cuando, por casualidad, las dos se encontraron cruzando el campus en la misma dirección. Le contó a la profesora sobre su éxito de reducir a la mitad la deserción de empleadas mediante un sistema de entrevistas informales durante el almuerzo, reuniones para que ambos sexos externaran quejas, y otras técnicas. La profesora quedó tan impresionada como encantada y divertida por la atenta amabilidad de Catherine.

Para Catherine Andrews solo era un contacto humano más; solo uno de los cientos que había hecho de forma habitual cada año. No podía prever que un pedazo impresionante de suerte le llegaría mediante esta desconocida profesora universitaria. Pero de no haber sido por su hábito de tomarse el esfuerzo de conversar con la gente, la suerte jamás la habría alcanzado.

Si tienes la esperanza de alcanzar una oportunidad tipo «olla de oro» por pura suerte a través de un extraño, conocido o amigo de un amigo, la verdad que ilustra la historia de Catherine Andrews parece obvia. Entre más grande sea tu red de contactos amistosos, mejores serán las probabilidades a tu favor. No puedes saber qué rayo de buena fortuna te caerá preparado para ti por algún lejano mecanismo del destino. No puedes saber qué interconexión compleja de relaciones humanas guiará el rayo en tu dirección. Pero sabrás con certeza que la probabilidad de que lo recibas es directamente proporcional al número de personas que conocen tu nombre.

Parece obvio, y aun así, para muchas personas, probablemente para la mayoría, no lo es. Ni siquiera es obvio para algunos de los propios afortunados. Catherine Andrews es típica. Su hábito de hacer amistad con la gran variedad de personas que cruza por su vida no está diseñado deliberadamente para obtener golpes de suerte. Hizo el contacto con la gente por el contacto mismo. Simplemente le resulta agradable. Solo en retrospectiva se dio cuenta de que este fue el canal principal a través del cual algunos de sus eventos más afortunados habían fluido.

Kirk Douglas y Charlie Williams, a quienes conociste antes en este libro, eran similares en este aspecto. Ninguno de los dos se detuvo a pensar en la presencia o ausencia de una estructura de telaraña como una razón para la buena suerte o para su ausencia. La primera gran oportunidad de Douglas, la que lo impulsó del anonimato al inicio de su espectacular carrera, llegó a través de su antiguo contacto con una actriz entonces desconocida, Lauren Bacall. Ella fue solo una de las muchas personas con quien el joven actor gregario hizo amistad. Al hacerse amigo de muchos, incrementó las probabilidades de que entre ellos estuviera una Lauren Bacall, alguien cuya propia buena suerte se tradujera más tarde en buena suerte para Kirk Douglas. En contraste, el pobre Charlie Williams era un solitario empedernido con muy pocos contactos amistosos. Las probabilidades de que le llegara un golpe de suerte a través de otro hombre o mujer eran desalentadoramente bajas.

El doctor Stephen Barrett de Allentown, Pensilvania, es un psiquiatra que ha pensado bastante respecto a esta diferencia entre los afortunados y los desafortunados. Para él, las personas afortunadas como grupo no solo tienen el hábito y la habilidad de iniciar contactos amistosos con frecuencia: también poseen cierto magnetismo que los vuelve blanco de acercamientos amistosos de otras personas. Barrett llama a este magnetismo un «campo de comunicación que parece decir "Ven a hablar conmigo, nos llevaremos bien"».

Muchos de los pacientes del doctor Barrett son chicas de preparatoria y mujeres universitarias. Por muchos años, dice, se sintió desconcertado por el «fenómeno de la chica sin pareja»; un fenómeno que es familiar en todos los grupos de personas jóvenes, pero que pocos pueden explicar bien. La chica a la cual nunca invitan a salir puede ser tan brillante y bonita como sus amigas más socialmente activas; de hecho, en algunos casos puede parecer que están entre las más sexualmente atractivas en la escena local. En la superficie, tal vez su condición de no tener pareja se consideraría un caso de mala suerte aleatoria —el chico indicado no ha llegado— o atribuirse a circunstancias como pertenecer al grupo equivocado o tener una madre demasiado estricta. Pero, dice Barrett, por lo general resulta que la raíz del problema es algo en sus modales —un campo de comunicación— que asusta a los chicos, los hace sentir incómodos y los aleja.

—Este mismo campo de comunicación también puede alejar a otras chicas. Tal vez sea una completa solitaria; pero, para ella, el hecho desconcertante consiste en que no quiere serlo y no puede entender por qué lo es. He tenido a este tipo de chica llorando en mi oficina muchas veces.

¿De qué está hecho este campo de comunicación? Barrett cree que puede haber miles de componentes: expresiones faciales, posturas corporales, tonos de voz, elecciones de palabras, formas de usar los ojos y sostener la cabeza. Este cúmulo de gestos es difícil de analizar uno por uno, pero el efecto total es claramente visible para otras personas.

—Todos sabemos de manera instintiva si le agradamos o no a alguien —asegura Barrett—. Sabemos si alguien es amistoso o antipático, cálido o frío. Podemos conocer por primera vez a un completo extraño y saber en segundos si ese extraño quiere o no pasar más tiempo con nosotros. En general, las personas que son consideradas afortunadas —personas que reciben golpes de suerte de manos de otras— son aquellas cuyo campo de comunicación es acogedor y cómodo.

Pese a algunos intentos recientes por analizar el «lenguaje corporal» y reducirlo a una ciencia, no es posible fingir un campo de comunicación amistoso. Sin importar lo amplia que sea tu sonrisa o lo afectivas que sean tus palabras, las personas detectan la falsa amabilidad con rapidez. No sabrán cómo lo hacen, pero estarán bastante seguros de sus conclusiones. Esta es una de las primeras lecciones que todos los profesionales de ventas aprenden. Tom Watson Sr., fundador de IBM y probablemente uno de los vendedores más brillantes que hayan caminado sobre la Tierra, solía enseñar esta lección hasta el cansancio a los jóvenes reclutas. «Si a ustedes no les agrada genuinamente su cliente» insistía Watson, «lo más probable es que no compre». Para algunos de los reclutas más sofisticados, esto sonaba tonto y simplista, y algunos se cansaron de escucharlo y renunciaron, lo cual era la intención de Watson desde el principio. Todos los vendedores exitosos consideran lo que Watson decía como una verdad indiscutible. Si no te agradan de veras los desconocidos, no hay falsedad que oculte ese hecho y no llegarás lejos como vendedor.

Una de las razones por las cuales la falsedad no puede tener éxito, evidentemente, es que al menos algún elemento de tu campo de comunicación no está bajo tu control. Por ejemplo, el tamaño de tus pupilas. El doctor Eckard Hess, psicólogo de la Universidad de Chicago, ha estudiado por años este fenómeno en particular. Él descubrió que el tamaño de la pupila no solo es afectado por la intensidad de la luz, sino también por cuánto te agrada aquello que miras. Cuando miras algo o a alguien que te agrada, tus pupilas se dilatan. Cuando no te gusta lo que ves, se contraen. Hess cree que este cambio de tamaño es uno de los signos más reveladores que las personas envían y reciben entre sí, inconscientemente. Desde luego, los ojos están entre nuestros instrumentos de comunicación más importantes. Nos referimos a los ojos como cálidos, brillantes, duros, fríos, etc. Hess cree que hacemos estos juicios emocionales la mayor parte de las veces con base en el tamaño de la pupila. Si hablas con alguien y tus pupilas son pequeñas, te juzgarán como antipático incluso si tienes una sonrisa de oreja a oreja.

Ya que no puedes andar todo el día con gotas dilatadoras de pupilas en los ojos, y dado que otros elementos de tu campo de comunicación son indudablemente igual de difíciles de fingir, ¿qué puedes hacer si tu campo parece necesitar un ajuste? Barrett aconseja:

—Cambiar es más fácil de lo que podrías pensar. Ciertamente no hay necesidad de fingir.

Él cuenta la historia de una universitaria de 20 años que vino a verlo, deprimida por lo que parecía ser una condición crónica de falta de pareja.

—Tenía un rostro hermoso —rememora—. Si hubieras visto su fotografía en un anuario escolar habrías dicho «Probablemente tiene más citas que nadie». Pero no era el caso. Se sentía sola. Se sentía marginada, que no pertenecía en la multitud.

Ella y el doctor Barrett hablaron sobre sus sentimientos hacia las personas. Estos sentimientos, como los de todos, eran en extremo complejos. Barrett, siendo el honesto psiquiatra que es, se niega a presentar una explicación simplificada de ellos. Pero algunos de los hechos esenciales apuntaban a que ella le temía al rechazo, tenía miedo de que le dijeran que no era agradable y no la querían; por lo tanto, no se arriesgaba a hacer nuevos contactos a menos que fuera absolutamente necesario. Su temor al rechazo causaba ese mismo rechazo. Su campo de comunicación parecía decir «Por favor, no te me acerques. Tengo miedo al contacto porque me da miedo no agradarte. Será menos arriesgado para ambos si te mantienes alejado».

Barrett le dijo lo que mantiene como una verdad cardinal sobre los seres humanos: que tenemos la disposición instintiva a agradarnos y ayudarnos los unos a los otros. Su consejo fue, principalmente, que se tomara el tiempo de hablar con las personas, incluyendo a desconocidos, y notara lo mucho que querían agradar a los demás y que los demás les agradaran.

—No puedo catalogar todos los cambios que ocurrieron en su interior después de eso —comenta—, pero sí sé que el cambio en su campo de comunicación fue rápido.

En la semana posterior a su charla con el doctor Barrett, a esta joven mujer, que prácticamente nunca tenía citas, la invitaron a salir cuatro veces.

El doctor John Kenneth Woodham, psicólogo de Nueva Jersey, es otro hombre intrigado por lo que llama el «síndrome del solitario». Él está de acuerdo con la propuesta de que, con frecuencia, los golpes de suerte llegan a través de otras personas y que por lo tanto un solitario tiene pocas probabilidades de ser afortunado.

—En cualquier caso —dice— no es divertido ser un solitario incluso si no se considera la cuestión de los golpes de suerte. Siempre escuchas sobre personas del tipo lobo solitario que supuestamente son felices como son, pero francamente jamás he conocido a alguien así. No creo que ningún humano disfrute del aislamiento. Por eso insto a la gente aislada a salir y hablar con otros, no solo con personas que ya conocen sino también con extraños. *Especialmente* con extraños. Si te dan miedo los demás o te da miedo el rechazo, la cura más rápida es salir y hacer contacto de forma deliberada. Nota que dije «cura». Un psicólogo no usa esa palabra a menos que esté muy, pero muy seguro de que sea en serio. Cuando te acerques a otras personas, su respuesta siempre será encantadora. Entre más lo hagas, más lo disfrutarás.

Y, presumiblemente, entre más lo disfrutes, más grandes se harán tus pupilas. Si sientes que tu estructura de telaraña es demasiado pequeña, el consejo de Woodham es que comiences a hablar con perfectos extraños, al azar, sobre cualquier cosa. Él señala un hecho peculiar: uno de los modos más rápidos de hacer sonreír a un extraño es pedirle ayuda, aunque sea insignificante. Preguntar la hora no solo produce una respuesta fáctica, por lo general también algo adicional: «Bueno, deben ser más o menos las diez con diez. Debe ser algo aproximado porque revisé el reloj con la radio esta mañana...». Al agregar esa pieza adicional de información, el extraño expresa que le resulta placentero hablar contigo. A los minoristas les encanta que les pidan consejos sobre los productos que venden, y quizá la manera más segura de iniciar una conversación a bordo de un avión sea pedir consejo sobre los hoteles en la ciudad a la que llegarán.

Así comienza a crecer una estructura de telaraña. La gran mayoría de personas que contactes te darán alegría y luego saldrán de tu vida y nunca volverás a verlas o escuchar de ellas. Pero algunas podrían volver para traerte buena suerte.

Uno de los pacientes del doctor Woodham era un solitario hombre de mediana edad cuya esposa había muerto y cuyos hijos habían crecido y se habían ido. Su vida se había estancado. Él parecía temer que pronto se detuviera. A petición de Woodham, el hombre hizo un intento deliberado por hablar más seguido con la gente. Una mujer con la que habló era la dueña de una papelería donde él acostumbraba comprar cigarros. Había visto a esta mujer por años —la tienda estaba en la esquina donde tomaba todos los días el autobús al trabajo— pero nunca había dicho nada más allá de «Buenos días», su marca de cigarros y «Gracias». Entonces comenzó por hacer comentarios banales sobre el clima, la amistosa respuesta de ella lo alentó y poco a poco extendió las conversaciones. En pocas semanas, ambos conocían el nombre del otro y algunos detalles triviales de sus vidas. Un detalle que él mencionó fue que su pasatiempo era coleccionar monedas.

Una mañana encontró que la dueña de la tienda lo estaba esperando impaciente. Ella le contó que una amiga, que vivía cerca, tenía un problema. El padre de la amiga había muerto, dejándole una vieja casa. En un desvencijado escritorio en el sótano, que al parecer habían pasado por alto los tasadores de inmuebles, encontró una caja con lo que parecían ser monedas europeas muy viejas. No tenía idea de su valor o qué hacer con ellas.

—Recuerdo que dijiste que coleccionas monedas —dijo la dueña de la tienda—. No hay tasadores de monedas en la ciudad y... bueno, pensé que tal vez podrías...

El hombre podía y lo hizo. La amiga de la dueña de la tienda resultó ser una atractiva viuda de su misma edad y tan sola como él. Hoy día están casados.

Más aún, la colección de monedas europeas resultó ser muy valiosa. Y ese tampoco es el final de la historia. La suerte, cuando por fin llega, parece llegar en montones embarazosamente generosos. El hombre no quería la colección europea porque su especialidad eran las monedas estadounidenses, así que su nueva esposa las vendió. La pareja usó las ganancias para ir al norte de Michigan, una región que les gustaba a ambos, y rentaron una cabaña junto a un lago para su luna de miel de un mes. Mientras estaban ahí, el hombre compró un boleto de la lotería de Michigan y ganó 25000 dólares.

CAPÍTULO 2

LA HABILIDAD PARA LAS CORAZONADAS

Una corazonada es un fragmento de materia mental que se siente como si supieras algo, pero del todo confiable. Algunas personas confían en sus corazonadas más que otras, y de las corazonadas en las que confían, algunas resultan ser precisas mientras que otras no. Es obvio que la capacidad para generar corazonadas precisas, y confiar en ellas y actuar en conformidad, sería de mucha utilidad para producir «suerte». Las personas afortunadas como grupo, ciertamente, tienen esta capacidad en un grado notable.

La habilidad de las corazonadas suena misteriosa, pero no lo es. Se explica en términos racionales. Mejor aún, hay evidencia convincente de que puede aprenderse.

Conrad Hilton, el de los famosos hoteles, le debe su monumental éxito a una habilidad para las corazonadas tan finamente ajustada que a veces parece ocultismo. Él niega con firmeza que cualquier fuerza paranormal trabaje en él o alrededor de él, pero a veces admite que se siente perplejo.

—La mayor parte del tiempo puedo reconstruir las circunstancias de una de esas corazonadas —dijo una vez— y entender en general de dónde vino. Es decir, soy capaz de explicarla, no por completo pero lo suficiente para que parezca menos extraña. Pero ha habido ocasiones en las que no es posible acertar con una buena explicación.

Una vez estaba intentando comprar un viejo hotel en Chicago. El dueño lo vendía a través de propuestas en sobres cerrados. Todas las ofertas se abrirían en una fecha específica, y el hotel sería para quien presentara la más alta. Muchos días antes de la fecha límite, Hilton presentó una oferta de 165 000 dólares. Esa noche se fue a la cama sintiéndose vagamente inquieto. A la mañana siguiente despertó con una fuerte corazonada de que su oferta no iba a ganar.

—Algo no se sentía bien —comentó más tarde, con impotencia, cuando se le pidió una explicación. Tomó medidas debido a esta extraña intuición y presentó otra oferta: 180 000 dólares.

Fue la más alta. La segunda más alta fue de 179 800 dólares.

Dolores N., cajera de banco de Filadelfia, tiene 20 años y pico y es soltera. Considera afortunado este estado. Estuvo a punto de casarse hace dos años y habla de la separación de último momento como alguien más hablaría de escaparse por un pelo de algún accidente espantoso.

—De haberme casado —afirma— habría sido un desastre. Él se casó con otra mujer después de que lo rechacé, y hoy él está en la cárcel y ella tiene deudas, intenta cuidar un bebé, bebe demasiado... está en condiciones horribles. Solo sigue aquí por la gracia de Dios...

Algunos hombres y mujeres parecen consistentemente desafortunados en el amor. Dolores N. se considera a sí misma consistentemente afortunada, y le atribuye esto a una habilidad para las corazonadas.

—Algunos lo llaman «intuición femenina» —dice—, pero eso es estúpido. Hay hombres que tienen intuición, y hay mujeres que no la tienen. Como este hombre con el que casi me caso. A mi hermana le agradaba, y también a mi madre. Y también a la pobre mujer que se casó con él. Pero yo tuve esta sensación repentina que salió de la nada...

El hombre, Ted, tenía una voz suave y era encantador. Dolores lo conoció en la fiesta de uno de sus colegas del banco. Él le dijo que trabajaba para una agencia de relaciones públicas. Luego de un noviazgo muy rápido, le pidió casarse con él y ella dijo que sí.

Pasaban juntos casi todas las noches después del trabajo, y por lo general se veían en restaurantes cerca de sus respectivas oficinas.

—Hasta más o menos una semana antes de la boda, estaba locamente enamorada —recuerda Dolores—. Pero luego, una noche, esta corazonada me golpeó. Sigo sin saber cómo o por qué. Fue una noche como cualquier otra. Hablamos sobre las cosas de las que hablan los enamorados, ya sabes, algunas cosas tontas y otras importantes, como nuestros planes para el futuro. Bebimos un par de copas de vino y entonces fue al baño. Y, mientras estaba sentada sola en la mesa, me llegó este pequeño y extraño pensamiento: *Algo no está bien. Algo no es verdad.*

La parte lógica de su mente, la parte que demanda hechos tangibles con los cuales trabajar, desdeñó la corazonada y le ordenó largarse. Pero volvió al día siguiente. Por impulso, durante su descanso para tomar café a media mañana, fue a un teléfono y llamó a Ted a su oficina. La mujer que contestó el teléfono dijo:

—Lo siento, ya no trabaja con nosotros.

Dolores todavía no podía reunir hechos específicos que respaldaran su corazonada, pero cada vez era más fuerte y detallada que antes. Le decía «Ted es un hombre con ciertas dificultades financieras crónicas. Si me caso con él, me casaré con sus problemas».

Canceló la boda. Desde luego, hubo una escena. Para ella fue todavía más doloroso por el hecho de que no podía ofrecerle a Ted ninguna explicación racional de su deseo de terminar la relación. Pero confió en su corazonada y se mantuvo firme. Ted desapareció de su vida.

Durante el noviazgo, había estado en contacto con algunos de sus amigos y conocidos, y el siguiente año intentó averiguar quién y qué era Ted en realidad.

Resultó que era un apostador compulsivo. Estaba muy endeudado con su familia, con amigos, bancos y usureros. Lo habían despedido de su trabajo de relaciones públicas por bajo rendimiento. Decía en la oficina que saldría a visitar a un cliente y en realidad se pasaba el día en el hipódromo.

Dos años después de que Dolores lo rechazó, fue condenado por falsificación de cheques y lo enviaron a la cárcel.

C.C. Hazard es un corredor de bolsa jubilado. Es holgadamente rico. Cuando la gente le pregunta cómo pueden hacer ellos para también vencer a la bolsa de valores, les recomienda su libro, *Confessions of a Wall Street Insider* (Confesiones de un conocedor de Wall Street). El libro, como el mismo Hazard, es irritante y argumentativo, y no fue bien recibido en Wall Street cuando se publicó hace algunos años. Uno de sus temas principales es que los apostadores comunes de poca monta —o sea, tú y yo— no pueden ganar mucho suscribiéndose a servicios de asesoría, estudiando estadísticas del mercado, trazando gráficas, escuchando los pronósticos económicos de Washington o aplicando la lógica de cualquier otro modo. Hazard sostiene que el mercado es un motor de emoción más que de razón, y por lo tanto sus movimientos no pueden predecirse por medios racionales.

¿Cómo pueden predecirse? «A veces», dice Hazard, «mediante corazonadas».

—Me tomó mucho tiempo aprender a confiar en mis corazonadas —me contó una vez—. Cuando llegué a Wall Street en la década de 1950, hice todas esas cosas racionales —estudié el producto interno bruto y todo eso—, pero no acerté más que si me hubiera guiado lanzando una moneda. Una y otra vez tomé decisiones en contra de una corazonada y siempre me arrepentía. Los analistas más importantes decían que el mercado subiría, y presentaban toda clase de razones lógicas para decirlo, así que apostaba a su favor aunque tuviera la corazonada de que se equivocaban. Y se equivocaban; no siempre, pero lo suficiente para que comenzara a dudar. Al final me dije: «Qué diablos, si estas técnicas racionales no son mejores que lanzar una moneda, las corazonadas no pueden ser peores». Comencé a escuchar mis propias corazonadas, y hoy estoy feliz de haberlo hecho.

Hazard tuvo una corazonada muy importante a finales de 1968. No está seguro del momento en que comenzó a sentirla, pero sí recuerda haberla dicho para sí mismo una noche de viernes en Oscar's Delmonico, un club histórico no lejos de la Bolsa de Valores de Nueva York. Había sido una semana optimista y de muchas transacciones importantes en los mercados, y el bar en el Oscar's estaba a reventar de corredores, especialistas, operadores de fondos, especuladores *freelance* y otros, algunos de ellos ebrios, la mayoría felices, y todos hablaban en voz muy alta.

—Me tomé un par de tragos con dos amigos —recuerda Hazard— y ellos se fueron a alguna parte y me dejaron solo. Mi esposa estaba de viaje en la Costa Oeste aquella semana, visitando a su familia. No tenía ganas de irme a casa, así que me quedé en el bar y bebí otro trago. Estaba ahí de pie entre la multitud, inmerso en mis propios pensamientos cuando de pronto se me acercó un tipo pequeño al que no había visto antes ni he vuelto a ver, me miró y dijo: «Dios, cómo ha estado el mercado, ¿no?». Tenía una sonrisa de oreja a oreja, el pequeñito, y se veía tan feliz como para saltar a la barra y bailar. Bueno, yo también debía estar feliz; acababa de ganar tanto dinero en los sesenta que hasta parecía inmoral, y 1968 lucía como el mejor año. Pero no me contagié del ánimo del tipo. Y de algún modo —escucha esto, es una locura—, de algún modo en vez de animarme cuando me parloteaba en la oreja, el tipo me asustó.

Desde entonces, Hazard no ha sido capaz de precisar la fuente de su miedo repentino. Él piensa que pudo haber un toque de histeria subyacente en el rostro, la voz o los gestos del hombrecito.

—Fuera lo que fuera, reforzó la sensación que me había fastidiado por muchas semanas. Cuando miré alrededor del bar a todos esos tipos y los escuché hablar, sentí la misma cosa atemorizante en el aire. El único modo en que puedo describir esta sensación es que me recordó a cuando mis hijos eran pequeños y solían jugar al Jenga. Hacíamos competencias y en cada turno construíamos la torre, un bloque a la vez; la torre se volvía más alta e inestable y quien pusiera el último bloque y con ello la derribara, perdía. La sensación que tuve en el Oscar's fue parecida a la de construir una torre alta. Entre más alta es, más divertida se vuelve y todos son más felices… pero también da miedo porque sabes que la torre va a colapsar muy pronto. Así se sintió mi corazonada en el sesenta y ocho. Tenía esta sensación de que se avecinaban tiempos terribles. Una especie de cualidad «nerviosa» flotaba en el aire.

Pocos analistas hacían este tipo pronósticos mientras se aproximaba el fin de 1968. No obstante, Hazard vendió prácticamente todas sus acciones. El mercado comenzó a caer poco después. Para mediados de la década de 1970, la mayoría de las acciones de Hazard valían menos de la mitad del precio al cual las había vendido. Algunas no se habían recuperado siquiera en la época de la primera edición de este libro.

¿De dónde proviene una corazonada tan precisa? Muchos psicólogos y otras autoridades piensan que pueden explicarlo sin recurrir a la percepción extrasensorial o a lo oculto. En esencia, la teoría es la siguiente.

Una corazonada es una conclusión que se basa en datos perfectamente reales; hechos objetivos se observaron con precisión, se almacenaron de forma eficiente, y se procesaron de manera lógica en tu mente. No obstante, los hechos en los cuales se basa una corazonada no los conoces de forma consciente. Se almacenan y procesan en algún nivel de atención apenas por debajo o detrás del nivel consciente. Por esta razón, una corazonada se presenta con esa sensación peculiar de «casi-saber-pero-no-del-todo». Es algo que crees saber, pero no sabes cómo o por qué lo sabes.

Entre los razonamientos mejor expresados respecto a este tema intrigante se encuentra el de un psicólogo de Nueva York, el doctor Eugene Gendlin. Un hombre delgado, con cabello oscuro y de ascendencia rusa, que ha pasado la mayor parte de su vida profesional estudiando este nivel de atención no-del-todo-consciente, y ha construido todo un nuevo enfoque terapéutico alrededor de él. Si se me permite dar una descripción demasiado simplificada de su trabajo, en pos de la brevedad, se podría decir que enseña a sus pacientes, en efecto, a atravesar sus problemas «a corazonadas». Él ha desarrollado técnicas para explorar deliberadamente el profundo compartimento de almacenaje de datos enterrados, el lugar de donde provienen las corazonadas. Asegura que cualquiera puede aprender a hacer esto. De hecho, en un libro que escribió sobre este tema, hace la sorprendente aseveración de que los terapeutas como él mismo no son necesarios para nada, salvo, quizá, para las personas muy perturbadas. Una vez que aprendes a «enfocarte» —su término para el proceso de exploración—, te vuelves para siempre tu propio terapeuta.

Una definición de «suerte» ciertamente sería esta: la suerte es ser alguien cuyos problemas emocionales nunca se vuelven lo bastante problemáticos como para requerir ayuda profesional. La suerte es tener una vida serena con brillantes salpicaduras ocasionales de alegría. Gendlin cree que la gente afortunada, en este sentido, a menudo ha descubierto de forma intuitiva cómo sondear ese pozo de conocimiento subterráneo dentro de sí misma. A él no le interesan en particular las personas que tienen corazonadas sobre la bolsa de valores, sino las que poseen la habilidad de abrirse camino por la vida y sus problemas «sintiendo», y que una y otra vez eligen la mejor ruta para sí mismos. Su técnica de «enfoque» está diseñada para generar serenidad, no dinero. Sin embargo, para propósitos de nuestro estudio de la suerte no hay necesidad de hacer distinciones. Una corazonada es una corazonada. Si pudieras aprender a tener una corazonada de forma efectiva, sería posible usar esa habilidad para cualquier propósito que te sea importante a nivel personal.

Gendlin, al explicar este enfoque, comienza por señalar que cada día recibes muchísimos más datos de los que podrías almacenar en tu mente consciente. Por ejemplo, piensa en cualquier hombre o mujer que haya desempeñado un papel destacado en tu vida. Hay miles de porciones de datos, probablemente millones, que describen a esta persona como tú la percibes; tantos que te tomaría años enumerarlos incluso si pudieras recordarlos todos. Incluirían datos sobre la apariencia física, la voz, los gestos y modales, las actitudes, las formas de pensar, respuestas emocionales, preferencias laborales, así como juegos, comida, ropa, autos. Incluirían datos sobre interacciones entre esta persona y tú: todas las veces en que se sintieron felices juntos, o enojados, aburridos, preocupados, asustados. La lista sería literalmente infinita porque se agregarían nuevos datos con cada día en que ambos hicieran contacto. Sin embargo, pese a su enorme longitud, esta lista está almacenada en alguna parte dentro de ti y se puede recuperar al instante. Si en este momento dejas de mirar esta página y conjuras una visión de ese hombre o esa mujer, él o ella aparecerán al instante en tu mente, como un todo. Y los datos completos estarán ahí de algún modo: todo lo que signifique «Juan» o «María» para ti.

¿De dónde provienen esos datos? Es obvio que no de tu mente consciente ni del cerebro lógico y pensante que procesa los fragmentos de información uno por uno. Si te encontraras con este amigo en la calle, lo reconocerías al instante y, más aún, sentirías una respuesta emocional instantánea apropiada para la persona y para todas las circunstancias pasadas y presentes. Este ágil proceso de reconocimiento y reacción tiene lugar sin procesos intelectuales de tu parte. Hay demasiados fragmentos de datos involucrados como para realizar un raciocinio consciente. El proceso pasa por alto a tu mente consciente casi por completo.

El ejemplo muestra que es perfectamente posible saber algo sin ser del todo capaces de explicar cómo, sin ser capaces de hacer una lista de todos los fragmentos discretos de datos que respaldan la sensación de saber. Supongamos que te pregunto qué pistas usas para reconocer a tu amigo en la calle. ¿Analizas la forma de la nariz? ¿Cómo camina? ¿El lunar en la mejilla? ¿La ropa arrugada? Tendrías que contestar que todas estas pistas y otras no consideradas se mezclan para formar una impresión instantánea. En realidad no sabes qué pistas usas o cómo las juntas. Aun así, si sugiriera que podrías equivocarte al identificar a esta persona —que tu evidencia fáctica es demasiado endeble para ser confiable—, te reirías. Cuando te encuentras con tu amigo, no hay dudas en tu mente sobre a quién encontraste. Sin saber cómo, lo sabes.

Otro ejemplo. Tu amigo te llama por teléfono. No se necesita decir un nombre, solo es suficiente con escuchar algunas palabras y reconoces la voz. ¿Cómo? Si intentaras describirme esa voz para que yo también pudiera reconocerla, la tarea te resultaría imposible. De hecho, en una ocasión la compañía telefónica de Nueva York intentó averiguar cómo la gente reconoce una voz a través del teléfono y se rindió. Resulta que el proceso de reconocimiento no depende de datos conocidos de forma consciente. Sin embargo, pese a esta falta de datos discretos, las dudas no te asaltan cuando escuchas una voz familiar en el teléfono. Sabes de quién se trata.

En efecto, este tipo de conocimiento es una especie de corazonada. Sabes, pero no sabes cómo es que sabes.

Una corazonada se conforma de datos que no puedes traer del todo al nivel consciente: hechos que no puedes enumerar, ni identificar, ni exhibir para probar la confiabilidad de tu conclusión a nadie más (o incluso a ti). Aun así, si la corazonada es buena, los hechos existen. Están almacenados en algún lugar de tu interior. Es cierto, es frustrante no poder llegar a ellos para inspeccionarlos, pero el hecho mismo de que no están disponibles no necesariamente nulifica el poder y la utilidad de la corazonada. Puedes conducir un carro sin saber necesariamente cómo se ensambla un motor.

Visto de este modo —o sea, considerarla derivada de datos objetivos no conocidos de forma consciente—, una corazonada se vuelve menos misteriosa. La corazonada de Conrad Hilton respecto a la puja por el hotel, por ejemplo, tal vez surgió de grandes almacenes de hechos en las profundidades de su mente. Había estado en el negocio hotelero toda su vida. Desde que compró su primer hotel siendo un joven en Texas, había reunido conocimiento sobre el negocio: millones de rostros, muchos más de los que su mente consciente podría barajar al mismo tiempo. Más aun, al pujar por ese hotel en Chicago, sin duda sabía bastante sobre los vendedores y los pujantes competidores; lo sabía, de nuevo, sin ser capaz de articularlo en forma de hechos específicos. Cuando su cerebro racional ensambló algunos hechos como base para una puja, la otra parte de su mente procesó un enorme almacén oscuro de otros hechos y concluyó que la puja era demasiado baja. Confió en la corazonada, y fue magníficamente correcta.

La corazonada de Dolores N. sobre Ted debió surgir de modo similar. Pudo haberse basado en detalles observados que su cerebro pensante consideró triviales: algunas cosas que Ted dijo, quizás, o algunos modales, o una mirada nerviosa en respuesta a ciertas preguntas o propuestas por parte de ella. Estos detalles, descartados como poco importantes, fueron olvidados... sin ser olvidados. Se hundieron desde la atención consciente hacia otro nivel. Ahí abajo, fueron procesados, examinados y reunidos con otros hechos. El resultado fue una corazonada que susurró: «Algo no es verdad».

En cuanto a C.C. Hazard, como todos los buenos vendedores, él es un alma gregaria que pasa sus días hablando con personas, escuchándolas, observándolas. En promedio hace contacto con veintenas de personas en un día, con miles al año. Su mente consciente no retiene todas las impresiones personales que recibe, pero la otra parte de su mente sí lo hace. Las almacena, las organiza, las suma de forma gradual hasta formar una impresión acumulativa única. Y al final, como en 1968, surge una corazonada al parecer misteriosa: «...una cualidad "nerviosa" en el aire... vienen tiempos terribles...».

Solía pensarse que esta forma no-del-todo-consciente de procesar los datos era una cualidad de las mujeres y se llamaba *intuición femenina*. Sin embargo, hace algunos años, la revista *Vogue* reunió a algunos psiquiatras y conocedores para un simposio sobre este tema tan impreciso. El consenso fue que el talento de las corazonadas no tiene mayor fuerza innata en ninguno de los sexos, sino que, hasta hace poco, era más fuerte en las mujeres debido a la forma en que la sociedad está construida. Los hombres se enorgullecían de lo que llamaban su «razón superior». En consecuencia, suprimían sus sentimientos. Lo emocional, lo místico, lo vago: esto se percibía como femenino o, en el mejor de los casos, no era poderosamente masculino. Las mujeres, la mayoría de las cuales tenían pocas probabilidades de usar sus cerebros pensantes en las sociedades antiguas (y de hacerlo, con frecuencia eran ridiculizadas), sentían la necesidad de mostrar que en otras formas eran superiores a los hombres. Una de esas formas era la «intuición femenina».

Ella: Joe y Jane tienen un amorío.
Él: ¿Cómo lo sabes?
Ella: Solo lo sé.
Él: Eso es tonto. No tienes nada concreto...

Así, cada sexo compitió por su estatus expresando lo que consideraban sus cualidades especiales. El hombre demandaba hechos objetivos porque esa era una actitud masculina positiva. La mujer, al demostrar su habilidad con las corazonadas, preservaba su «misterio» y su medida de poder sobre el hombre.

Ambos sexos acordaron que la intuición era femenina porque ambos se favorecían de esa noción. Hoy día todavía están vivos algunos remanentes de esta distinción sexual, pero parece poco probable que duren mucho.

La diferencia entre los sexos fue que muchas mujeres alentaron este proceso dentro de sí mismas y lo aceptaron, mientras que muchos hombres no. Sin embargo, algunos hombres impresionantemente brillantes descartaron la tradición masculina y admitieron sin ambages que la intuición era una parte importante de su equipo de supervivencia. Conrad Hilton es un ejemplo. También lo es Alfred P. Sloan, quizás el más brillante de los presidentes de General Motors. En una ocasión se le preguntó cómo podía reunir todos los hechos necesarios para tomar decisiones razonables respecto a cuestiones importantes, como dónde ubicar una nueva planta, cuántos carros construir y cuánto gastar en publicidad. Sloan respondió con franqueza que no esperaba reunir todos los hechos relevantes, así que ni siquiera lo intentaba.

—El acto final de una toma de decisiones o juicios profesionales —dijo— es intuitivo.

Las palabras de Sloan encajan igualmente con la mayoría de las decisiones que tomamos en la vida diaria. Nos guste o no, la vida requiere que constantemente nos abramos paso a través de las decisiones grandes y pequeñas a corazonadas. ¿Debo aceptar este empleo? ¿Este asesor de bienes raíces me está diciendo la verdad cuando asegura que el sótano no tiene fugas? ¿Se enojará esta mujer si yo…? Pocas veces tenemos datos suficientes. Pocas veces podemos formular deducciones y tomar decisiones exclusivamente racionales. A diferencia de Sherlock Holmes, quien siempre podía proporcionar una explicación magnífica de lógica para cada una de sus conclusiones, los pensadores comunes a menudo tomamos decisiones que no podemos explicar del todo. «Compré la casa porque... pues porque sentía que era lo correcto». Las personas afortunadas, como grupo, con frecuencia resultan ser personas cuyas corazonadas en los momentos cruciales —grandes o pequeños— de la vida son confiables. Son personas que nunca compran casas cuyos sótanos tienen fugas. Nunca salen de un lote de autos usados con carcachas. Nunca compran acciones antes de que los mercados comiencen a ir a la baja. Nunca escogen las filas más lentas en los mostradores del aeropuerto. Sus vidas domésticas, sociales, sexuales y económicas son serenas.

Si quieres buena suerte, el talento de las corazonadas es una pieza de equipo útil, si no es que hasta esencial. ¿Cómo puedes desarrollarla?

Hay tres reglas importantes a seguir.

LA PRIMERA REGLA

Aprende a valorar la base de datos.

Una corazonada llega de forma espontánea: una fuerte sensación de que tal-y-tal es verdad. ¿Cómo sabes si puedes confiar en ella? La primera parte de la respuesta, en palabras de C.C. Hazard, es:

—Me pregunto qué tan sólida podría ser la base de datos subyacente. Obviamente no conozco los hechos en los que se basa esta corazonada y no tengo modo de saberlos. Lo que sí hago es preguntar si estos hechos podrían existir. Pregunto: ¿es concebible que haya reunido un cúmulo de datos sobre esta situación sin darme cuenta? ¿He estado en posición de reunir estos hechos? Incluso si no puedo verlos, ¿es razonable pensar que están ahí? Si la respuesta es sí y la corazonada es fuerte, tiendo a obedecerla.

En este libro hemos hablado con personas que tuvieron corazonadas respecto a números de lotería o máquinas tragamonedas y ganaron. Para Hazard, el hecho de que ganaran es irrelevante. Él nunca confiaría en ese tipo de corazonada. No hay posibilidades de que surjan de un cúmulo de hechos oculto en tu interior. No hay hechos sobre los resultados de sorteos de loterías futuras o sobre el giro aleatorio de engranes en algún momento futuro dentro de una máquina tragamonedas. Por lo tanto, una corazonada de ese tipo la descartaría como desconfiable.

O, para presentar un ejemplo del amor de Hazard, Wall Street considera la peculiar historia de Jesse Livermore. Él fue un importante especulador que se hizo rico en Wall Street a principios del siglo XX. Era famoso por las corazonadas desconcertantemente precisas que él mismo no podía explicar, así que no lo intentaba. La más famosa le llegó un día de primavera en 1906. Sin saber por qué, de pronto quedó convencido de que el precio de las acciones de Union Pacific estaba a punto de caer. Entonces, entró a la oficina de un corredor de bolsa y vendió miles de acciones a corto plazo (para quienes no estén familiarizados con la jerga de Wall Street, baste decir que las acciones a corto plazo son una maniobra riesgosa en la que se pueden ganar cantidades nada humildes de dinero cuando cae el precio de las acciones… pero que te pueden llevar rápidamente a la bancarrota si suben).

De acuerdo con relatos de la época, Livermore parecía perplejo por sus propias acciones ese día. Pues debió estarlo. Había un mercado al alza y las acciones de Union Pacific eran de las más activas en la tabla. No había una buena razón para vender a corto plazo. Aun así, al siguiente día, luciendo todavía vagamente desconcertado, Livermore volvió con el corredor y vendió a corto plazo miles de acciones más.

El día posterior a eso, el 18 de abril, San Francisco fue golpeado por un terremoto catastrófico. Cantidades enormes de equipo y ganancias potenciales de Union Pacific quedaron enterradas bajo los escombros. El precio de las acciones se hundió como una piedra en el agua, y Jesse Livermore se volvió más o menos 300 000 dólares más rico.

En retrospectiva, su corazonada fue correcta, pero eso no significa que haya sido inteligente al apostar todo su dinero en ella. No pudo tener datos disponibles por adelantado sobre el inminente terremoto. La corazonada no tenía una base de datos. Arriesgarse a la bancarrota por ella fue algo estúpido.

De hecho, Livermore estuvo al borde de la ruina más de una vez en su agitada vida. Sus corazonadas no siempre fueron buenas, en particular hacia el final, y perdió bastante al terminar la década de 1930. Una tarde justo antes de la Navidad de 1940, quizá deprimido porque la suerte lo había abandonado, entró a un hotel de Nueva York, bebió un par de tragos, entró al baño de hombres y se pegó un tiro.

En última instancia, sus corazonadas debieron considerarse poco confiables, incluso aquellas en las que tuvo razón. Es decir, eran poco confiables en términos del tipo de corazonada que hemos analizado aquí: el tipo que presumiblemente se basa en hechos objetivos y procesamiento lógico. Este tipo de corazonada puede etiquetarse como «racional». Si crees en la existencia de fuerzas psíquicas u ocultas o sospechas que podrían existir, desde luego, dirías que las corazonadas racionales no son el único tipo posible. El otro tipo —el tipo que tenía Jesse Livermore— podría etiquetarse como «paranormal». Cualquiera que confíe en lo paranormal señalaría la magnífica corazonada sobre Union Pacific de Livermore, e insistiría en que había algo detrás de ella; no hechos objetivos, sino algo más. Y es innegable que esa corazonada fue impactantemente correcta.

Argumentar a favor o en contra de lo paranormal está más allá del alcance de este libro. Si crees en tales fuerzas podrían ayudarte, y si no crees, probablemente no lo harán. Volveremos a lo paranormal más tarde. Por el momento, continuemos con nuestro estudio de corazonadas racionales y el problema de valorar la base de datos.

—Una corazonada solo es tan buena como la suma de experiencias pasadas que la producen —dice la doctora Natalie Shainess, una psiquiatra que ha estudiado las diferencias entre las personas que se consideran a sí mismas como afortunadas y las que no—. Solo puedes confiar en una corazonada si has tenido experiencia en la situación con la que lidias. Por ejemplo, a menudo hago cosas intuitivas al tratar a mis pacientes. Tengo corazonadas sobre lo que funcionará y lo que no. Confío en ellas porque tengo mucha experiencia en este campo. Las considero percepciones verdaderas a un nivel no consciente. Pero si tuviera una corazonada sobre un campo que no conozco, digamos, una corazonada sobre ganar una fortuna en futuros de soya, no confiaría en ella. No podría tratarse una percepción verdadera.

Cuando llegue una corazonada, siempre pregúntate si los hechos subyacentes podrían estar ahí. Pregúntate si es posible que hayas absorbido datos sobre la situación. Esta es la primera regla de las corazonadas. Desde esta perspectiva, podemos enumerar estas reglas subsecuentes:

Corolario 1:
Nunca confíes en una corazonada sobre alguien que acabas de conocer.

Las personas desafortunadas tienden a hacer compromisos con base en las primeras impresiones. La gente afortunada vuelve a echar un segundo vistazo.

Si conociste a alguien media hora atrás y ya desarrollaste una corazonada sobre su honestidad, buena voluntad, inteligencia u otras características, descarta la corazonada como poco confiable. Lo más probable es que no hayas tenido tiempo para absorber datos suficientes. El amor a primera vista es divertido pero muy, muy arriesgado. Las segundas o terceras vistas son mejores. *A posteriori*, es doloroso cuando hay una historia que no tuvo buenos resultados a «primera vista».

Nunca comprometas tus emociones o tu dinero con base en una corazonada a primera vista. Supongamos que vas a comprar un auto nuevo. Te atraen muchas marcas y modelos, pero tu principal preocupación es sobre la calidad y la buena disposición del servicio. Cuando le ocurra algo malo a tu nuevo automóvil, ¿te tratarán bien? Un vendedor te impresiona como particularmente franco, honesto y dispuesto a trabajar duro para complacerte. ¿Deberías confiar en esta corazonada?

Desde luego que no. Si el hombre es un buen vendedor, es un buen actor. Sabe cómo formar una primera impresión atractiva. Pregúntate en qué hechos podría basarse tu corazonada. Quizá solo esté basada en un recuerdo irrelevante. Quizás el rostro del hombre te recuerda a alguien que conociste y te agradó hace años.

Guarda tu chequera por un día o dos. Vuelve y habla con el hombre al menos una vez más. Llega cuando no te esté esperando. Absorbe la «vibra» de su técnica. Escucha cuando habla con otras personas. Nada de eso te garantizará que compres el auto en el lugar indicado, pero incrementará enormemente tus probabilidades de tomar una buena decisión. Puede que a segunda o tercera vista detectes los pequeños tentáculos de la preocupación arrastrándose por los bordes de tu corazonada. Si eso pasa, tal vez decidas ir a comprar a otra parte.

Corolario 2:

Nunca te apoyes en las corazonadas para evitar trabajar.

Averigua todo lo que puedas respecto a una situación en la cual necesitas tomar una decisión. Métete de lleno. Busca con ansias los hechos. Intenta investigar tu decisión primero con base en datos conocidos de forma consciente. Si no puedes, entonces apóyate en las corazonadas, pero solo en ese caso.

Recuerda la observación de Alfred P. Sloan: «El acto final del juicio profesional...». La palabra *final* es importante. Si ese acto final consiste en producir resultados útiles, debe estar precedido de algunos actos de trabajo duro. El deseo de evitar el trabajo —que puede tener muchos y diversos orígenes, incluida la simple pereza— produce corazonadas muy malas. Son corazonadas sin sustancia fáctica. De hecho no son para nada corazonadas verdaderas. Solo son sueños diurnos.

Un hombre que hace hincapié en este aspecto es un psiquiatra de la Universidad de California, el doctor William Boyd, quien solía enseñar un curso titulado «Apuestas, toma de riesgos e inversiones especulativas». A Boyd le fascina el fenómeno de las corazonadas. Lo ha estudiado, particularmente entre apostadores compulsivos quienes casi siempre usan mal el talento de las corazonadas; y desde luego, casi siempre pierden.

Hay muchas teorías sobre los tormentos emocionales de los apostadores compulsivos, los «propensos a los accidentes» y otras personas crónicamente desafortunadas. Una teoría muy compartida —puedes escuchar que la repiten sin pensar en cualquier fiesta si mencionas el tema— es que tales individuos guardan un deseo subconsciente de castigarse o destruirse a sí mismos, y por lo tanto se esfuerzan por preparar situaciones en las cuales perderán. Esta pulsión por el autocastigo tal vez exista en algunas personas, pero hay poca evidencia para respaldar la teoría. Personalmente, en todos mis viajes en busca de historias y teorías sobre la suerte, nunca he conocido a un hombre o a una mujer que desearan perder. Los hallazgos de Boyd parecen mucho más fáciles de creer. Él dice:

—Los apostadores compulsivos, por lo general, son personas a quienes, entre otras cosas, simplemente no les gusta trabajar. Muchos trabajaron y se esforzaron en algún periodo pasado de sus vidas, pero no fueron debidamente recompensados. Se sienten «perdedores»: su peor miedo es sentirse así otra vez, de modo que son renuentes a hacer cualquier esfuerzo. Quieren algo a cambio de nada. Dependen de lo que llaman «corazonadas», premoniciones vagas que, desde luego, generalmente resultan equivocadas.

Boyd asegura que una vez tuvo un paciente quien, por un tiempo, estudió y usó con éxito el «Sistema Thorp» de conteo de cartas en *blackjack*. Este sistema, inventado por el profesor

Edward O. Thorp, un matemático de la Universidad de California, funciona tan bien que los casinos desalientan con brusquedad su uso o incluso expulsan a los «contadores» cuando los reconocen. No obstante, dominar el sistema requiere trabajo; trabajo duro, de horas y horas.

—Al final mi paciente lo abandonó —comenta Boyd—. Admitió francamente que era demasiado trabajo para él. Volvió a su viejo sistema de confiar en «corazonadas» y perder.

Siempre que quieras actuar con base en lo que genuinamente crees que es una corazonada, pregúntate con honestidad si solo inventaste una excusa para evitar el estudio honesto o para evitar a la gente que podría responder tus preguntas. Las corazonadas falsas de este tipo han generado litros y litros de lágrimas dentro y fuera de Wall Street, por ejemplo. Puedes esperar tener el tipo de suerte (o precognición o lo que fuera) de Jesse Livermore, pero confiar en ella sería estúpido. Los especuladores sin éxito confían en ella a menudo. Se dicen a sí mismos «Tengo la corazonada de que estas acciones subirán» y compran sin hacer ningún estudio real. Esto ayuda a explicar por qué no tienen éxito. Una corazonada sin una base de datos sólida no es una corazonada racional.

Una excelente descripción de una corazonada exitosa la ofreció el editor financiero Chris Welles en su libro de 1975, *The Last Days of the Club* (Los últimos días del club). Welles habla sobre Fred Mates, un gerente de fondos mutuos espectacularmente exitoso en los años «à go-go» de la década de 1960. Un socio de Mates le dijo a Welles:

—Fred observa una compañía por mucho tiempo, reuniendo información de revistas técnicas y comerciales... y muchos otros lugares. Entonces, de pronto, llega una pieza más de información y Fred anuncia que al menos la compañía «huele bien», como suele decir. Cuando intenta decirte por qué, puedes seguirlo 90% del camino, pero luego te pierde. El último 10% es demasiado subjetivo. Es el área donde trabajan los artistas.

Es el área donde se forjan las corazonadas. Mates no podía explicar cómo se formaban sus corazonadas, igual que cualquiera que haya tenido una. Pero sabía que no se puede confiar en ellas a menos que se asienten sobre una base sólida de trabajo.

Como con otros fondos «à go-go», al Fondo Mates se le acabó la suerte cuando el gran mercado al alza cayó en 1969. Al final, Mates dejó Wall Street para abrir un bar de solteros, y le explicó a Welles que «la gente quiere beber para olvidarse de la bolsa de valores». Es difícil decir por qué ese brillante talento para las corazonadas salió mal. Quizás una razón es que Mates violó la Segunda Regla.

> LA SEGUNDA REGLA
>
> *Nunca confundas una corazonada con esperanza.*

Si una corazonada te dice que algo es verdad, y si tienes muchas ganas de creer que es verdad, desconfía de ella.

—Muchas malas corazonadas son solo fuertes deseos disfrazados —dice la doctora Natalie Shainess.

Esta es la segunda razón por la cual ella rechazaría su corazonada hipotética sobre «hacer una fortuna en futuros de soya». Cuando las corazonadas y las esperanzas mariposean en la mente y el estómago, se sienten confusamente parecidas.

Boyd reporta que esta confusión es un problema importante entre los especuladores y apostadores poco exitosos.

—Cuando quieres demasiado algo —comenta—, es muy fácil convencerte a ti mismo de que sucederá. Un apostador me dirá «Tengo la corazonada de que voy a barrer con el hipódromo la próxima semana»; cuando pregunte por qué lo piensa, dirá: «Bueno, llevo tanto perdiendo que mi suerte tiene que cambiar. Lo siento venir». No tiene sentido discutir con el hombre. El deseo es la madre de la corazonada. Se dirige al hipódromo, apuesta a lo más improbable y pierde todo lo que tiene.

Desde luego, nunca es posible estar perfectamente seguro respecto a una corazonada. La naturaleza misma de la corazonada se forma a partir de hechos desconocidos, correlacionados en formas desconocidas. Pero es posible examinar la corazonada, tantear sus límites, poner a prueba su fuerza y composición. Un ejecutivo de una importante cadena de comida rápida tiene un método para hacer esto: de forma deliberada intenta que su corazonada se desmorone.

—Discuto con ella —asegura—. Me digo a mí mismo: «Escucha, solo quieres darle una franquicia a este tipo porque sientes pena por la enfermedad de su hijo. Es un debilucho. En un mercado rico le iría bien, pero si un competidor grande se muda a la misma calle, se sentará a autocompadecerse. Además, es descuidado. Dejará que la franquicia quede tan maltrecha que las familias se alejarán. Permitirá que degenere en un sitio donde solo irán adolescentes...». Realmente intento imaginar al hombre haciendo mal todo eso. Construyo escenarios en mi mente: mesas grasosas, empleados insultando a los clientes, etc. Me hago la pregunta: «¿Algo de esto es posible?». Y entonces espero algunos días y veo qué me dice mi corazonada.

Usualmente dice: «No, no es posible». Pero algunas veces la he escuchado decir: «Sí, podría pasar». La sensación positiva original que tuve respecto a este hombre o mujer comienza a parecer menos positiva. Entonces tengo que revalorar todo, y quizá termine por rechazar a la persona.

Tal vez no te parezca necesario o útil realizar el proceso de atacar deliberadamente tu propia corazonada. El paso más importante de todos es el primero: reconocer que estás en una situación donde las corazonadas y las esperanzas pueden confundirse. Cuando esto te quede claro, te volverá cuidadoso.

LA TERCERA REGLA

Haz espacio para que las corazonadas crezcan.

Las corazonadas se forman con hechos, pero se presentan como sensaciones. De acuerdo con el doctor Eugene Gendlin:

—Mucha gente, si no es que la mayoría, en realidad no está en contacto con sus sentimientos.

Sin duda, esta es una de las razones por las cuales muchos hombres y mujeres, quizá la mayoría, carecen de un talento bien desarrollado para las corazonadas. Para tener corazonadas sólidas debes escuchar tus sentimientos, respetarlos, darles toda tu atención. Esta regla probablemente sea la más crucial de las tres.

Corolario 1:

No ahogues una corazonada tratando de «descifrarla».

Se trata de la lección clave que el doctor Gendlin repite a sus pacientes. El problema del paciente es llegar a la raíz de una dificultad personal y percibir qué dirección tomar para superarla.

Gendlin indica al paciente que se siente en silencio, relajado y que suspenda tanto como sea posible todos los procesos intelectuales.

—No intentes analizar todo —insta Gendlin—. No intelectualices. No trates de *descifrar*. No digas «Debe ser...», no digas «*X* es verdad, por lo tanto, *Y* también debe ser verdad». Solo pregúntate a ti mismo qué *sientes* respecto a esta situación. Deja que la sensación flote libremente.

Una sensación sobre determinado escenario, dice Gendlin, siempre contiene mucho más de lo que podría descifrarse intelectualmente. La sensación es el total de ese escenario almacenado tal como la mente y el cuerpo lo han experimentado. Consiste en una masa de datos e impresiones de enorme riqueza, muchos de los cuales no tienen palabras para etiquetarlos. Si siempre insistes en abordar los problemas y las decisiones de modo estrictamente analítico, y lidias solo con esas partes que pueden describirse con palabras y en relación con hechos conocidos de forma consciente, te estás imponiendo muchísimas restricciones. Sería como ir en busca de petróleo con un taladro que solo perfora a un metro de profundidad. La mayoría de las riquezas se encuentran más hondo.

La gente afortunada, como grupo, sabe por instinto cómo sondear las profundidades donde está enterrada la materia de las corazonadas. El animoso mensaje de Gendlin es que cualquiera puede aprender esta habilidad. Él enseña a sus pacientes a hacer contacto con una sensación grande, vaga y generalizada, para entonces «enfocarse» en sus partes más pequeñas. Como ha explicado en muchos diarios profesionales y en su libro, *Manual práctico del focusing*, el proceso funciona más o menos así:

Pregúntate a ti mismo:

«¿Cómo me siento respecto a esta situación?»

El sentimiento responde (quizá no en palabras):

«Asustado, preocupado».

Le pides al sentimiento que se defina de forma más concisa:

«¿Asustado de qué modo?»

La respuesta, probablemente sin palabras:

«Es una sensación de que las cosas se salen de control... como si intentara mantener algo en pie, pero comenzara a colapsar a mi alrededor».

Sondeas:

«¿Dónde se halla la peor parte de este colapso?».

Comienzas a averiguar:

«Es algo respecto a George. Tengo la corazonada de que trabaja en mi contra cuando no estoy cerca».

Así que preguntas:

«¿Cómo trabaja en mi contra? ¿Qué hace?»

Etcétera. No pides razones o explicaciones, solo más y más de la sensación. Las personas con corazonadas instintivas atraviesan ese proceso en cada punto de toma de decisiones de sus vidas. Es probable que a menudo los niños tomen decisiones y disciernan verdades mediante las corazonadas. Conforme maduran, retienen la habilidad, pero otros la someten al razonamiento analítico, quizá porque eso parece más sensato y adulto. De hecho, los padres alientan ese sometimiento.

Niño: No le agrado a Susan.

Padre: ¿Cómo lo sabes?

Niño: Solo lo sé.

Padre: ¿Pero qué hace ella? ¿Te escupe? ¿Te patea?

Niño: No, nada de eso. Se porta amistosa y todo. Es solo que… pues no sé.

Padre: ¡Pero eso es estúpido! No tienes ninguna razón…

Así perdemos un talento nato algunos de nosotros. Nos avergonzamos de usarlo. Perdemos la voluntad de confiar en él.

Corolario 2:

Junta datos «suaves» al lado de los duros.

Los datos «suaves» son sensaciones, impresiones… o, para usar una palabra de moda de la década de 1960, «vibras». Los datos «duros» —los manifiestos y objetivos— parecen más reales para muchas personas. Como resultado, muchos se restringen a sí mismos a solo observar datos duros y descartar el resto de las observaciones como irrelevantes, triviales o poco confiables. Si tienes por hábito restringirte de este modo, tu talento para las corazonadas no se ejercita.

Un hombre y una mujer van a una fiesta. Más tarde, un amigo les pregunta cómo fue la fiesta.

El hombre reporta: «Bueno, George y Evelyn estaban ahí, y Ed y Fay, y… comimos costillas barbecue…».

La mujer reporta: «Fue divertido volver a ver a tantos viejos amigos, pero había cierta rigidez en el aire. Tenía esta sensación de que todos estábamos compitiendo entre nosotros. Ya sabes, presumiendo sobre lo lejos que hemos llegado desde los viejos días y lo inteligentes que se han vuelto nuestros hijos…».

El hombre se restringió a los datos duros. La mujer lidió con los datos suaves, materia de corazonadas. Si alguien los reta a mostrar alguna evidencia respecto a que sus observaciones son precisas, desde luego el hombre tendrá por mucho el caso más demostrable. Tal vez la mujer no pueda presentar ninguna prueba. Hace falta valor para recolectar datos suaves que no pueden respaldarse con pruebas objetivas; y quizá por esa razón el hombre ha evitado hacerlo. Aun así, si más tarde se pide al hombre y la mujer tomar una decisión difícil que involucre a alguien de la fiesta, es probable que la corazonada de la mujer sea más confiable.

—La habilidad de percibir las vibras mejora con la práctica —dice el doctor Abraham Weinberg, un psiquiatra neoyorquino.

Muchos de los pacientes de Weinberg son corredores de bolsa y especuladores de Wall Street. Él ha pasado buena parte de su vida intentando averiguar por qué algunos de ellos hacen consistentemente más suposiciones correctas que otros respecto a la la bolsa de valores, y su conclusión es que los más exitosos son aquellos que, entre otras cosas, de forma consistente recolectan impresiones al igual que datos duros.

—Para volverse bueno en ello, debes hacerlo todos los días, en toda situación —asegura—. Sigue esforzándote por percibir más de lo que ves. Sigue preguntándote: «¿Cuáles son las vibras aquí, qué siento?». Muchas personas desdeñan este enfoque porque las vibras no parecen llegar a través de los cinco sentidos. Parecen ocultas, místicas. Pero las vibras —o impresiones, si prefieres, impresiones a la deriva— son bastante reales. Para hacer uso de ellas, debes volverte por completo receptivo.

Weinberg sospecha que, a veces, estas «vibras» quizá tengan una naturaleza telepática, al menos en parte. Como hemos visto, también lo sospechan muchos otros investigadores. Pero él admite que no es realmente necesario explicarlas en términos de fenómenos extrasensoriales. Pueden tener explicación como materia de corazonadas diarias: datos observados que se recopilaron a un nivel diferente al consciente.

Mi preferencia personal es explicarlas sin fenómenos extrasensoriales; por eso prefiero llamarlos «datos suaves» en vez de «vibras». No importa si la idea de los fenómenos extrasensoriales te resulta atractiva. No importa la explicación que prefieras, el mundo de las sensaciones y las impresiones simplemente existe. Es un mundo lleno de riquezas para aquellos que se toman el tiempo de usarlo.

CAPÍTULO 3

AUDENTES FORTUNA IUVAT

«La fortuna favorece a los audaces», dice el antiguo aforismo latino. A primera vista esto parece un disparate. Uno imagina que fue escrito por algún general romano que intentaba levantar el ánimo de un montón de tropas poco entusiastas para la batalla del siguiente día. Suena como optimismo hueco, un conjunto de palabras que suenan audaces sin ningún fundamento sustancial. Pues es obvio que la Madre Fortuna, aunque a veces puede ser buena con los audaces, en otras ocasiones los tunde a palos. Un eslogan opuesto podría ser igual de cierto: «No te arriesgues y no saldrás herido»; o, como solíamos decir en el ejército: «Jamás te ofrezcas como voluntario para nada».

Aun así, hay un hecho extraño. Como grupo, los afortunados tienden a ser gente audaz. Los hombres y las mujeres más tímidos que he conocido en mis viajes también han sido, con excepciones, los menos afortunados.

¿A qué se debe esto? Primero, podría señalarse que probablemente la suerte crea la audacia. Si la vida no te ha lastimado mucho, es probable que estés más dispuesto a correr riesgos que alguien cuya fortuna le patea la cara con frecuencia.

Pero también funciona al revés. La audacia ayuda a crear buena suerte. El antiguo aforismo latino no es inequívocamente cierto, pero resulta que tiene algunos elementos muy importantes de verdad. Examinémoslo y veamos de qué está hecho. *Audentes fortuna iuvat.*

La generación de 1949 de la Universidad de Princeton celebró su 25° aniversario de graduación en 1974. Los «Cuarenta y Nueves», como se hacían llamar, siempre han sido un grupo bastante cohesivo e introspectivo, que gustaba de reunirse periódicamente para ver qué habían hecho y pensado sus miembros. Su vigesimoquinto aniversario fue la ocasión para una encuesta complicada y minuciosa que reveló algo sobre la suerte.

Desde luego, la vida y la suerte han producido mucha felicidad y mucha tristeza para los Cuarenta y Nueves en el agitado cuarto de siglo que ha transcurrido desde que se aventuraron al mundo como adultos independientes. En junio de 1949, la generación estaba compuesta de aproximadamente 770 hombres jóvenes y esperanzados. Para la vigesimoquinta reunión, unos 25 de ellos habían muerto por la guerra, en accidentes, por enfermedades: víctimas del capricho máximo e irrevocable de la suerte. Otros cuarenta más o menos se «perdieron», como el Departamento de Alumnos tristemente lo describe: esto significa que nadie sabe dónde están o qué les sucedió. De los 700 restantes, aproximadamente un tercio llenó el cuestionario anónimo del vigesimoquinto aniversario.

Una pregunta era quizá más difícil de responder que todo el resto. Pedía que cada hombre viajara atrás en el tiempo y se volviera, una vez más, el jovencito que había sido el Día de Graduación de 1949.

Es un brillante día de junio, repleto de sueños y misterios. El joven sube a la plataforma para recibir su diploma. El presidente de la universidad le estrecha la mano, le da su título, y entonces le ofrece con seriedad algo más, un obsequio especial.

El joven puede rechazar el obsequio si así lo desea. Es una bola de cristal de precisión garantizada. En ella, si la acepta, verá al hombre en el que se convertirá dentro de un cuarto de siglo, en 1974. La bola de cristal revelará todo lo importante sobre el hombre futuro: los logros profesionales y financieros, las satisfacciones maritales y sexuales, las relaciones familiares y sociales, el estado de salud, la galaxia entera de placeres y dolores humanos. El joven acepta el obsequio. Mira en su interior y se ve a sí mismo a mediados de la década de 1970. La pregunta es: ¿cuál es su reacción? ¿Está gratamente sorprendido? ¿Es el hombre futuro justo como lo que había esperado? ¿O está poco impresionado o decepcionado?

Unas dos quintas partes de quienes respondieron pensaron que el joven habría reaccionado con sorpresa y placer. Otras dos quintas partes sintieron que estaría contento pero no sorprendido: el resultado 25 años después era en general lo que había planeado o predicho. La quinta parte restante sintió que estaría poco impresionado o decepcionado.

A las dos quintas partes superiores —el grupo complacido-sorprendido— podría llamárseles «los afortunados». Obviamente, eran hombres que habían estado en los lugares correctos en los momentos correctos. La vida los había tratado mejor de lo que alguna vez pensaron que podrían esperar. En contraste, el quinto poco impresionado o decepcionado no había recibido tan buen trato como habían esperado. Quizás en algunos casos esto se debía a que sus expectativas en 1949 eran demasiado altas. Pero como regla general, este quinto inferior podría ser llamado «desafortunado». Por varias razones, a estos hombres les habían ocurrido menos eventos placenteros que a los otros.

¿Por qué razones? Es probable que en muchos casos la falta de una buena estructura de telaraña haya contribuido a estos resultados decepcionantes, y la falta de un sólido talento para las corazonadas aportó lo suyo. La encuesta no ofreció el camino para lograr hacer juicios confiables respecto a estos factores. Pero sí pareció mostrar algo más con mucha claridad: el quinto desafortunado carecía de audacia.

Esta conclusión surgió de una sobresaliente correlación con otra pregunta en la encuesta de los Cuarenta y Nueves. En ella se preguntaba a cada hombre para cuántas compañías diferentes había trabajado (si era empleado) o cuántas empresas diferentes había lanzado (si trabajaba por cuenta propia) desde la graduación. Resulta que los hombres que respondieron a esta pregunta con los números más altos fueron, en general, los que más probablemente se consideraban a sí mismos afortunados. De quienes se habían movido con audacia por sus vidas —habían tenido seis o más trabajos desde la graduación, o habían comenzado seis o más empresas—, la gran mayoría sentía que habrían estado complacidos o sorprendidos al mirar en esa bola de cristal en 1949.

De los hombres que habían trabajado para un solo empleador o solo habían lanzado una empresa, la gran mayoría se consideró a sí mismos como poco impresionados o decepcionados.

Desde luego, esta correlación debe leerse con cuidado. No es posible establecer como una verdad general que los saltos frecuentes entre empleos lleven a la buena suerte; o, por el contrario, que sea categóricamente una mala idea casarse con una sola compañía o permanecer ahí durante toda la vida laboral. Como veremos, todo depende de cómo se realizan los saltos entre empleos. Tampoco es posible decir categóricamente que todos los hombres y las mujeres que han tenido muchos trabajos o comenzaron muchas empresas son, tan solo por ese criterio, audaces.

Obviamente, a ninguno de los Cuarenta y Nueves que se puso a sí mismo en el grupo complacido-sorprendido le había ido mal en la vida. Cada uno sentía que sus frecuentes movimientos profesionales le permitieron escalar hacia metas personales, o al menos que ese era el caso con el último movimiento. Por lo tanto, se puede decir que los movimientos de estos hombres, por lo general, se realizaban correctamente y generaban resultados afortunados.

¿Realizados cómo? Con audacia. Los Cuarenta y Nueves afortunados tenían suerte, al menos en parte, porque no habían tenido miedo de correr riesgos en sus vidas, en algunos casos con mucha frecuencia. Esa declaración, por sí sola, tal vez suene como si estos hombres afortunados fueran meros apostadores que se arriesgaron para ganar. Pero la declaración no debe tomarse aislada, pues hay muchos tipos diferentes de toma de riesgos: los dos tipos principales son el inteligente y el idiota. La audacia es importante para la buena suerte, pero debe ser la audacia del tipo correcto; una audacia mantenida a raya por otros mecanismos internos. De hecho, la mayoría de esos hombres complacidos-sorprendidos habían exhibido justo ese tipo de audacia.

Como un Cuarenta y Nueve en regla y como el escribiente de la generación, he hablado con muchos de los hombres respecto al cuestionario desde que se llevó a cabo. También he hablado con otros observadores de la vida, la suerte y el carácter. Resulta que la antigua perogrullada latina sobre la fortuna y la audacia es verdad... si la lees con cuidado.

> LA PRIMERA REGLA
>
> *Debes estar eternamente preparado para analizar las oportunidades afortunadas cuando se te presentan.*

—Una vez terminada la universidad —dice uno de los Cuarenta y Nueves afortunados—, estaba saturado de esas viejas enseñanzas sobre ética laboral; ya sabes, «sigue avanzando en línea recta», «trabaja duro», «continúa escalando la maldita montaña sin importar cuántas veces te resbales». Pero más o menos cuando tenía 30 años me di cuenta repentinamente de que la ética laboral es una receta para la mala suerte, o al menos para echar la buena suerte por la borda. La gente más afortunada que conozco no ha vivido sus vidas en línea recta sino en zigzag. Es un error quedarse atascado en un carril. Tienes que estar listo para saltar en una nueva dirección cuando ves algo bueno.

Este hombre, luego de servir en la Fuerza Aérea durante la Guerra de Corea, empezó a trabajar en una gigantesca compañía manufacturera como aprendiz de gestión de ventas.

—Había miles de jóvenes en varias partes de la compañía, todos batallando por escalar la pirámide. Con cada escalón, el número de buenos puestos se reducía, así que era obvio que la mayoría de nosotros seríamos empujados lateralmente hacia trabajos sin futuro antes de que todo terminara. Pero yo tenía todas esas ideas sobre trabajar duro y «los ganadores no se rinden» y todo eso; y también estaba la seguridad, que era agradable. Así que me quedé ahí por mucho tiempo, yendo en línea recta.

Entonces una oportunidad intrigante apareció misteriosamente en su horizonte. Durante un viaje de ventas en una ciudad del sur, entró al comedor de un hotel y vio a un viejo amigo de la preparatoria en una mesa, comiendo solo. Resultó que el amigo trabajaba en el negocio de la venta de acciones de fondos mutuos. En aquellos días, ese era un negocio poco conocido, pero comenzaba a crecer con rapidez.

—Mi amigo estaba feliz y ganaba bien. Me dijo que su empresa estaba ansiosa por contratar nuevas personas y hacerlas ricas. Estaba fascinado por lo que me dijo del negocio. Me daba miedo pensar en dejar mi trabajo seguro y comenzar algo completamente nuevo, algo en lo que jamás había pensado. Pero me dije a mí mismo: «Mira, amigo, la suerte te repartió un comodín gratis, ¿vas a descartarlo porque te da miedo?». Así que, al final, jugué mi carta.

El negocio de los fondos mutuos lo volvió rico. Trabajó para dos compañías durante muchos años. Entonces se le presentó una nueva oportunidad y saltó en una dirección diferente. Él y dos amigos abrieron su propia compañía de gestión de inversiones. A esta le fue muy bien y a él también. Entonces llegó otra oportunidad más. A través de algunos de sus contactos en el mundo financiero, se le pidió que formara una comisión gubernamental estatal que se encargaría de estudiar algunos de los problemas monetarios del estado.

—Siempre había querido entrar al servicio gubernamental, así que dije que sí. Y justo ahora estoy considerando otra oportunidad emocionante pero que también da miedo. El mes pasado, algunas personas en mi ciudad natal me pidieron que me postulara para alcalde el próximo año. Estuve tentado a decir «No, no soy político», pero no lo hice. He aprendido mi lección. De haber dicho «No, no soy un vendedor de fondos mutuos» años atrás, hoy día no estaría en ningún lugar. Soy un «zigzagueador» confirmado. Hace que la vida esté llena de emociones y sea gratificante. Así que el próximo año tal vez me convierta en político.

Uno de los Cuarenta y Nueves desafortunados, al escuchar de mi boca la historia del alcalde potencial, asintió con tristeza mientras bebía su tercer martini. El líquido transparente e inmóvil en la copa lucía como si fueran lágrimas.

—Hoy sé qué hace falta tener el valor para hacer cambios —dijo—. Desearía haberlo sabido cuando era más joven, pero me sentía demasiado cómodo donde estaba. Mi esposa y yo teníamos miedo de mudarnos e intentar una nueva ruta. Me quedé estancado. Realmente estancado…

Él ingresó en una cadena de tiendas departamentales después de la graduación, se quedó con la compañía por dos décadas y terminó en un callejón sin salida como gerente de una de sus tiendas menos activas. La cadena tuvo problemas graves durante la recesión de principios de la década de 1970 y la tienda cerró. La última vez que vi al gerente, estaba buscando un nuevo empleo desesperadamente, cuando ya tenía casi 50 años. Su esposa había encontrado un trabajo por su cuenta y entonces, en parte porque su infelicidad hizo que fuera difícil vivir con él, lo dejó.

Se sentó frente a la barra conmigo y jugó el juego de «si tan solo», probablemente el juego más triste del mundo.

—Si tan solo hubiera tenido el valor de «zigzaguear» —dijo, retomando la terminología del potencial alcalde.

Recordó las muchas oportunidades atractivas que se le presentaron durante su vida. En un caso, una reunión no planeada durante un viaje de pesca lo llevó a entablar contacto con un grupo comercial que planeaba construir un puerto deportivo. Los botes habían sido su pasatiempo desde que era un muchacho, y el grupo le preguntó si estaría interesado en convertirse en gerente del puerto, con una parte de las ganancias y la oportunidad de ser accionista. Pero tenía puestas las anteojeras y solo podía ver al frente. Se había encasillado a sí mismo con rigidez como «gerente de tienda minorista». La oportunidad estaba fuera de la ruta principal, así que la pasó de frente sin analizarla.

—El tipo que aceptó el trabajo en el puerto no solo es rico hoy, sino que hace lo que ama y lo que yo amaría hacer. Ah, ¿por qué fui tan tímido?

«La suerte llega a la mente preparada», dice otro de esos viejos aforismos. Puesto de otro modo, fragmentos pequeños de suerte potencial pasan cerca de casi todos de vez en cuando, pero solo tienen valor para aquellos lo bastante audaces como para extender la mano y tomarlos.

El doctor Charles Cardwell es profesor de filosofía en el Instituto Politécnico de Virginia, y ha ponderado el papel de la suerte en la vida. Él sugiere que se puede hacer una distinción entre las palabras *suerte* y *fortuna*. Él dice:

—Escuchas decir que la gente hace su propia suerte. Pero si *suerte* significa eventos al azar, casualidades, entonces ese dicho no es cierto. La suerte les ocurre a todos. Uno no hace su propia suerte. Va y viene solita. Pero puedes hacer tu propia fortuna, si te mantienes alerta y usas la suerte sabiamente.

Y usándola con audacia, entre otras cosas. El gerente de tienda, como él mismo admitió, falló en esto y perdió el juego. Quizá su timidez surgió de una falla para asir con suficiente claridad la Segunda Regla.

LA SEGUNDA REGLA

Conoce la diferencia entre audacia e imprudencia.

Si apuestas los ahorros de tu vida en una aventura espectacular en la que te arriesgas a perderlo todo, eso es imprudente. Si aceptas una oportunidad laboral nueva y emocionante aunque no esté en la línea recta de tu ruta, aunque te dé miedo pensar en dar un paso hacia lo desconocido, eso es audacia.

En la aventura especulativa, podrías tener mucho que ganar, pero también hay una enorme y espantosa posibilidad de perder. En el caso del trabajo, hay mucho que ganar, pero es probable que haya poco que perder. Con frecuencia, una timidez innecesaria surge por fallar en hacer esta distinción.

—¿Qué podrías perder en realidad cuando saltas a una nueva carrera? —pregunta otro de los Cuarenta y Nueves afortunados.

La suerte tocó la puerta de este hombre cuando tenía más de 40 años. Dejó un trabajo ejecutivo «deprimentemente aburrido» para comenzar una nueva carrera como maestro universitario, algo que hacía tiempo deseaba hacer.

—Mi esposa, mis hijos y yo nos sentimos nerviosos y preocupados cuando esta gran oportunidad surgió repentinamente de la nada. Pero me pregunté a mí mismo, ¿de qué estoy asustado en realidad? ¿De moverme a un nuevo ambiente? ¿De conocer gente nueva? ¿De cometer errores mientras aprendo nuevas habilidades? Seguro, estaba asustado de todas esas cosas y más. Pero le dije a mi esposa: «Mira, esas cosas no son de vida o muerte. Incluso si todo sale mal, no nos desvaneceremos de la faz de la Tierra. Seguiremos vivos, todavía tendremos una casa donde vivir y dinero para la comida. Los riesgos que estamos tomando no son tan grandes. Si esta aventura fracasa, simplemente volveré a ser un ejecutivo».

Este hombre llegó tan lejos como para imaginar a detalle el peor resultado posible de su aventura; entonces estudió ese resultado desde varios ángulos y concluyó que no era lo bastante espantoso como para disuadirlo.

—Resultó no ser más que una pesadilla, algo que no era real y por lo cual no valía la pena preocuparse. El escenario fue así:

»Uno, mi nueva carrera en la enseñanza no funciona.

»Dos, renuncio o me despiden.

»Tres, intento retomar mi carrera de ejecutivo otra vez.

»Pero, cuatro, tengo casi 50 años y nadie quiere contratarme».

Para averiguar si este peor resultado era tan atemorizante como parecía, habló con otros hombres y mujeres que habían buscado empleo después de los 40. Incluso visitó uno de los clubes para mayores de 40 que existen en muchas ciudades y trabajan específicamente para combatir la discriminación por edad al contratar. Al final se sentía optimista.

—El mensaje que recibí fue: «No te prometemos un jardín de rosas. Encontrar un trabajo a nivel ejecutivo siendo mayor de 40 años no es fácil. Pero muchos hombres lo logran todos los días. También las mujeres, y ellas se enfrentan a la discriminación sexual al igual que a la discriminación por edad. Si tienes experiencia y de verdad lo intentas, puedes esperar que te contraten en los tres meses posteriores al envío de tu primera tanda de currículos. Seis meses sería un periodo inusualmente largo».

Por lo tanto, el peor resultado posible era un agobiante periodo de seis meses sin un sueldo. ¿Era este un destino tan temible? ¿Era lo bastante peligroso como para convertir un movimiento audaz en una apuesta imprudente? El hombre decidió que no lo era. Concluyó que su proyectado movimiento hacia el mundo académico, que le ofrecía un potencial enorme de ganancias en crecimiento y satisfacción personales, solo tenía un grado menor de riesgo. Y así se aferró a la oportunidad y avanzó. El movimiento no puede ser llamado *impulsivo*, solo fue audaz.

—Los hombres y las mujeres que se consideran a sí mismos desafortunados son, con frecuencia, personas notablemente pasivas —dice el doctor Abraham Weinberg, psiquiatra que ha pasado años estudiando las diferencias entre los afortunados y los desafortunados—. Tienden a dejar que la vida les ocurra en vez de usar sus oportunidades de modo asertivo. A menudo tienen miedo al cambio en sí mismo, incluso al cambio sin riesgos. Se dicen a sí mismos: «Tengo miedo de entrar a esta nueva situación», incluso si la situación no incluye temores objetivos excepto la novedad. En vez de examinar la situación y averiguar cuáles son los verdaderos riesgos, simplemente se retiran diciendo: «No, solo es una apuesta». Podría no tratarse de una apuesta. Solo están inventando excusas para permanecer en algún territorio familiar.

Es muy fácil convencerte a ti mismo de rechazar una aventura que da miedo y que representa un reto llamándola «imprudente». Esa palabrita te da una excusa maravillosa para no hacer nada; una excusa que casi siempre es inexpugnable. Suena a sensatez, suena a sabiduría de ancianos confiables. «No te arriesgues y no saldrás herido». Es probable que así sea... pero tampoco cubrirás mucha distancia hacia tus metas personales.

Si quieres mejorar tu suerte, es esencial estudiar esta distinción entre lo imprudente y lo audaz. Piénsalo hasta la saciedad. Oblígate a evaluar las situaciones con honestidad cuando te asustan. Podría resultar que has estado usando la «imprudencia» como excusa para evitar correr riesgos menores.

Es cierto que, cuando nos arriesgamos, podemos perder. Pero también es verdad que nunca ganaremos nada si ni siquiera entramos al juego. La gente afortunada está al tanto de la posibilidad de perder, y ciertamente tal vez pierda con frecuencia. Pero dado que los riesgos que corren son pequeños, las pérdidas tienden a ser pequeñas. Al estar dispuestos a aceptar las pérdidas pequeñas, se ponen a sí mismos en una posición que les permitirá obtener grandes ganancias.

Los especuladores y apostadores exitosos conocen bien esta lección. Un consejo antiguo que se escucha a menudo en los casinos y en Wall Street dice: «Nunca apuestes con el dinero para la comida». Especular con dinero que necesitas, con fondos que deberías reservar para lo esencial, obviamente es imprudente (además, te pone demasiado nervioso como para apostar de forma inteligente). Pero no es necesariamente imprudente especular con dinero que te puedes permitir perder, dinero cuya pérdida, aunque quizá dolorosa, no será trágica. Eso es audacia. Y también puede ser divertido.

Quizá las apuestas y la especulación no te atraigan. Eso es un asunto de preferencias personales. Pero si nunca compras un boleto de la lotería o te zambulles en la bolsa de valores, no tienes derecho a sentir celos de alguien que lo hace y gana. No tienes derecho a quejarte: «Algunas personas tienen toda la suerte. A mí nunca me ocurre nada parecido». No te ocurre porque nunca has entrado al juego.

La fortuna no favorece ni a los tímidos ni a los imprudentes (aunque los imprudentes reciben paseos emocionantes con su dinero). La fortuna favorece a los audaces porque ellos operan desde un firme punto medio entre los dos extremos. Ellos no tienen miedo de moverse una vez que determinan que las probabilidades a su favor son sólidas.

LA TERCERA REGLA

No insistas en tener un conocimiento cabal por adelantado respecto a ninguna situación en la que estás a punto de entrar.

J. Paul Getty, el multimillonario petrolero que murió en 1976, fue un hombre que creía firmemente en las tres reglas aquí estudiadas; en especial esta última. Será útil echar un breve vistazo a la vida de este hombre tan suertudo. Getty no solo era afortunado, hasta los últimos años de su vida también fue gregario, entusiasta y se expresaba bien. Disfrutaba al diseccionar su sobresaliente vida para ver qué lecciones podía aportar para los hombres y las mujeres jóvenes que apenas comenzaban la larga escalada. Solo hablé con él una vez, pero el vigor de su personalidad me dejó una impresión duradera.

Se cree ampliamente que la enorme fortuna de Getty surgió de una fortuna menor heredada de su padre, un abogado convertido en petrolero. No fue así. El padre de Getty sí murió siendo millonario, pero para entonces el mismo J. Paul ya era también millonario. Lo había logrado por cuenta propia, al menos en parte, por saber cómo tener suerte.

En sus primeros años «zigzagueó», como hace con frecuencia la gente afortunada. Fue a la universidad pensando que quería ser un escritor (mucho después en su vida llegó a serlo a medio tiempo, y lo cierto es que no era malo). Entonces le interesó su propia destreza para lidiar con las personas y decidió que quería entrar al servicio diplomático de Estados Unidos. Al salir de la universidad y a punto de buscar su primer trabajo gubernamental, descubrió que le atraía el *boom* petrolero de Oklahoma con el cual su padre se estaba enriqueciendo (y que disfrutaba bastante). El negocio petrolero estaba fuera de la ruta principal del joven Getty, pero al ser de la especie afortunada, se sintió empujado a aferrarse con audacia a la oportunidad cuando estaba pasando frente a él. Decidió posponer su carrera diplomática por un año o más y probar suerte como buscador de petróleo.

Recaudó fondos trabajando cerca de otras plataformas dedicadas a la prospección y ocasionalmente le pidió dinero prestado a su padre. Su padre, cuyos estrictos principios le prohibían mimar a un hijo, nunca le dio al joven más que regalos de cantidades mínimas de dinero trivial y exigía el pago puntual de cada centavo prestado. Por suerte, el joven Getty estaba bien al tanto de la diferencia entre audacia e imprudencia. Nunca se aventuró a una exploración cuyos requerimientos de efectivo, en caso de una pérdida, fueran lo bastante grandes como para causarle dificultades serias. En su lugar, mantenía las necesidades de efectivo bajas, pues dependía de su talento como negociador y vendedor hábil, sagaz y psicológico.

Sus primeras exploraciones fueron fracasos. Comenzó a pensar otra vez en comenzar su carrera diplomática. Pero a principios de 1916, al perforar en un terreno arrendado que había asegurado a un precio de ganga de 500 dólares, obtuvo su primer pozo importante. Bombeaba unos 700 barriles al día y financió la fortuna del joven (quien entonces apenas tenía 23 años).

¿Suerte? Desde luego. Pero merecía tenerla. Lo había hecho todo bien.

Más tarde en su vida, las personas le preguntaron de dónde sacó el valor para arriesgar 500 dólares en ese terreno afortunado. ¿Cómo sabía que ese pozo produciría petróleo? Su respuesta fue que no lo sabía. Reunió todos los datos que pudo, estudió el sitio y el terreno colindante, habló con geólogos y otros expertos. Tuvo la fuerte corazonada de que el lugar era bueno.

—Pero en cuanto a realmente saber cuál sería el resultado —dijo—, eso era imposible. Si hubiera un modo de estar ciento por ciento seguro de la ubicación de depósitos de petróleo ricos, nadie perforaría nunca pozos secos. La búsqueda de petróleo es como cualquier otra empresa en la vida, desde casarse hasta comprar un carro. Siempre hay un elemento de suerte, y debes estar dispuesto a vivir con ese elemento. Si insistes en tener la certeza perfecta, nunca serás capaz de tomar ninguna decisión. Simplemente te paralizarás.

Getty no tenía nada en contra de los hechos. Su opinión era que, en casi cualquier empresa, llega un momento en el cual debes dejar de reunir datos y tomar una decisión audaz sobre si avanzar o no. Pocas veces hay datos suficientes. Pocas veces se sabe todo lo que podrías desear saber. Tiene bastante sentido informarte sobre una situación tan bien como sea razonablemente posible, pero siempre se llega a un punto más allá del cual seguir buscando datos termina por disminuir tus ganancias. Si pasas ese punto, aún no haces algo y sigues diciendo «Lo estoy estudiando... lo estoy revisando», tal vez solo estés poniendo excusas para la timidez; u otra excusa como «imprudencia». Como lo decía Getty, entonces te conviertes en «una de esas comisiones gubernamentales que tienen miedo de tomar una decisión. Hacen audiencias, reúnen datos, se quejan y enojan y están muy, muy ocupados por meses y meses. Luego de un tiempo sabes que todo es una farsa. La apariencia de acción solo es un frente para ocultar la inacción».

Casi todo lo que puedas hacer para evitar esta parálisis de quejas interminables te ayudará. Por esta razón no *necesariamente* te hará daño y, tal vez, te sirva tener una alguna inofensiva creencia mística... lo que otros podrían llamar una «superstición».

En todas las naciones industriales modernas, desde luego, está de moda ridiculizar las ideas supersticiosas. Esta ridiculización es una postura intelectual admirada, desde Moscú hasta Los Ángeles. Se dice que la llamada Era de Acuario, que supuestamente comenzó en la década de 1960, está volviendo a la gente más tolerante con las nociones místicas; pero de ser el caso, hasta el momento el incremento en la tolerancia parece confinado (de forma justificada en muchos aspectos) a ciertos segmentos de la sociedad más bien pequeños. En la mayoría de los lugares no es buena idea admitir que crees en números de la suerte o en arrojar sal sobre tu hombro, a menos que sonrías mientras hablas para demostrar que sabes que eres un tonto. Pero quizá tales creencias —al menos las más comunes, dejando a un lado los claros extremos de los cristales, las cartas y el ocultismo— no sean tan tontas después de todo. Echemos un vistazo a los usos prácticos de la superstición.

Hace muchos años, cuando comencé a hablar con los afortunados y los desafortunados, me di cuenta rápidamente de un hecho desconcertante. Con excepciones, las personas espectacularmente afortunadas son supersticiosas. Getty estaba entre ellas.

—Sí, tengo una pequeña superstición —me dijo cuando le pregunté, aunque no ofreció detalles.

Leonard Bernstein tiene un par de mancuernillas de la suerte que viste invariablemente al dirigir una orquesta. Truman Capote se siente incómodo cuando ve un cenicero con más de tres colillas y gasta una cantidad considerable de energía vaciándolos. Arlene Francis siempre viste cierto pendiente cuando aparece ante una audiencia, y si no hace juego con su vestimenta, lo lleva oculto. Con Zsa Zsa Gabor, es un anillo que le regalaron de niña.

Una lista de famosos aficionados a la astrología llenaría un directorio telefónico de buen tamaño. El presidente Grover Cleveland consultaba a una astróloga con regularidad. También lo hacía J. Pierpont Morgan. Al igual que al menos dos presidentes de la bolsa de valores de Nueva York: Jacob Stout y Seymour Cromwell. A Cornelius («Comodoro») Vanderbilt no solo le interesaban las estrellas, sino también los fantasmas. Consultaba a médiums espiritistas que invocaban fantasmas que daban pistas a Vanderbilt sobre el futuro.

La incidencia aparentemente alta de ideas supersticiosas entre hombres y mujeres de éxito puede interpretarse al menos de dos formas. Se aprovecha, y desde luego así ha sido, para sugerir que determinado enfoque funciona. «Si la astrología pudo hacer todo eso por J. Pierpont Morgan, piensa en lo que podría hacer por ti». Pero la otra interpretación no te pide creer que hay fuerzas invisibles trabajando.

Piensa en una superstición simplemente como un dispositivo psicológico que te brindará ayuda en momentos de preocupación, confusión e indecisión. En una circunstancia en la que debes tomar una decisión pero te intimida la escasez de datos, una buena e inofensiva superstición te ayudará a evitar la parálisis. Cuando has hecho toda tu tarea, y reunido con diligencia todos los datos esenciales de la situación, y aun así sigues sin saber qué curso tomar porque los datos disponibles no son suficientes, entonces una superstición es algo en lo que te puedes apoyar. Quizá te alivie de las preocupaciones y quejas sobre una decisión que no puede mejorar si solo te preocupas y te quejas. Te ayuda a ser audaz.

Desde esta perspectiva, la alta incidencia de supersticiones entre los afortunados tal vez sea más fácil de explicar. La gente afortunada lo es quizá porque, entre otras cosas, con frecuencia usa las supersticiones instintivamente para ser audaz y volverse más decisiva. Como Getty, saben que hay un elemento de azar, con frecuencia grande, en casi toda empresa, y que no es susceptible a ningún ataque racional. Ni la cantidad de datos encontrados ni las maneras de descifrarlos cambian las probabilidades o afectan el resultado. *Aquí* es donde una superstición puede volverse útil. Te ayuda a tomar una decisión rápida y relativamente indolora ante datos inadecuados.

Con frecuencia nos enfrentamos a situaciones en las que cualquier decisión podría estar equivocada, pero paralizarnos sería un error mayor. La notoria e inconclusa historia de Frank Stockton sobre la dama y el tigre es un ejemplo molesto y memorable. El héroe de la historia se vuelve blanco de la ira de un rey, quien lo sentencia a tomar una difícil decisión. Se le encierra en una arena cuyas únicas salidas son puertas cerradas. Detrás de una hay una dama; detrás de la otra, un tigre que no ha comido regularmente. Los intentos del héroe por tomar esta decisión de forma racional, con hechos, solo lo hunden más en la confusión y la indecisión. Tampoco ayuda que la princesa, su amante, señale una de las puertas, pues no sabe si a ella la motivan la empatía o los celos. No obstante, debe tomar una decisión, pues permanecer en la arena sin abrir una puerta significa una muerte lenta pero segura por hambre.

Stockton no nos dice qué decidió el héroe. Sin embargo, uno puede esperar que, por su bien, tuviera una superstición. Cualquier superstición habría servido. Estaba en una situación donde nada que hiciera lo habría ayudado a tomar una decisión sabia; una situación en la cual su mejor opción era tomar una decisión con audacia y rapidez y terminar con el asunto. Quizá llevaba una moneda de la suerte en su bolsillo. De haberla lanzado, sus problemas habrían terminado pronto.

Con frecuencia, la vida nos da «problemas de puertas cerradas» como esos. Por lo tanto, si posees una pequeña superstición, trátala como una «amiga». Ríete de ella en público si quieres, pero atesórala en privado. Te ayudará a decidir qué puerta abrir.

Vendrá en tu ayuda si se te ofrecen dos empleos que parecen igualmente atractivos con base en los datos disponibles. O si piensas que estás enamorado de dos personas diferentes y quieres casarte con ambas. O si no puedes decidir a dónde ir de vacaciones.

Una superstición inofensiva no solo te ayudará a tomar decisiones en situaciones en las que los datos son escasos, también puede impulsar tu sensación general de confianza y competencia, que son componentes de la audacia. Por ejemplo, una superstición común entre los jugadores de bridge sostiene que es posible cambiar tu suerte si cambias de asiento. Si tú y tu pareja han estado sentados este-oeste, pueden cambiar a norte-sur y, supuestamente, mejorarán sus probabilidades de ganar. ¿Suena tonto? Quizás. Pero Charles Goren no está de acuerdo.

Hace algunos años, en su columna mensual *McCall's*, Goren señaló que juegas mejor cuando te sientes mejor. Si cambiar de asiento te hace sentir mejor —más afortunado, más confiado—, es probable que mejores tu juego. Te vuelves más audaz, agudo, decidido y más apto para aprovechar oportunidades atractivas. El cambio de asiento, de hecho, cambia tu suerte.

En contraste, por lo general no es buena idea discutir con una superstición que se considera valiosa. Helen Wills, una tenista de fama mundial de la década de 1920, tenía una creencia de larga data: que era de mala suerte ponerse el zapato derecho antes que el izquierdo. Con frecuencia ridiculizaba su propia superstición, y un día decidió mostrarle quién mandaba. Se puso el zapato derecho primero, salió a jugar tenis y perdió.

—Simplemente no me sentía bien —reportó más tarde—. Me sentía incómoda, no podía concentrarme... sé que es tonto, pero no voy a pelear más con esto. De ahora en adelante, el zapato izquierdo irá primero.

¿Y por qué no? Lo peor que se podría decir sobre la superstición de Helen Wills, en mi opinión, sería que era inofensiva. Pero lo mejor sería que estimulaba su sensación de confianza y competencia. Aunque a menudo sentía que era tonto atesorarla, fue más tonto desafiarla.

No es probable que una superstición sea dañina a menos que se use en lugar de los procesos racionales. Solo debería entrar a escena cuando has hecho todo lo posible por resolver el problema o tomar una decisión con pensamiento sincero, corazonadas y trabajo duro. Solo toma el control donde tus propios esfuerzos terminan. Un antiguo consejo asegura que «Dios ayuda a quien se ayuda a sí mismo».

—Es típico de los perdedores crónicos en el mundo de las apuestas apoyarse demasiado en soluciones mágicas para sus problemas —dice el doctor Jay Livingston, psicólogo en la Universidad Estatal de Montclair (Nueva Jersey).

Él pasó dos años viviendo con miembros de Apostadores Anónimos y sus familias, intentando averiguar por qué algunas personas son crónicamente desafortunadas y por qué vuelven solo para ser derribados de nuevo.

—Con frecuencia, el perdedor tiene poca fe en su propia habilidad para obtener resultados, así que depende de fuerzas mágicas misteriosas que se encarguen de su vida. Desde luego, las fuerzas misteriosas usualmente no harán lo que él quiere.

»El ganador es bastante diferente. También puede tener ideas supersticiosas, pero no depende de la magia para hacer su parte del trabajo. Por ejemplo, toma a un beisbolista con una buena racha de bateo. Tal vez que crea que será de mala suerte cambiarse los calcetines, así que no se los cambia y eso lo hace sentir bien. Pero de todos modos asiste a la práctica de bateo.

CAPÍTULO 4

EL EFECTO TRINQUETE

Un trinquete es un dispositivo que preserva las ganancias. Permite que una rueda gire hacia adelante y evita que se resbale hacia atrás.

Por lo general, las personas afortunadas parecen organizar sus vidas de un modo análogo. Saben que casi cualquier empresa puede llevar a ganancias o pérdidas. Al principio es imposible saber en qué sentido girará la rueda. Pero si comienza a hacerlo en el sentido equivocado, los afortunados están preparados para detenerla. Tienen la capacidad de salir con rapidez de situaciones que se están deteriorando. Saben cómo descartar la mala suerte antes de que empeore.

Esto suena como un truco simple, poco más que mero sentido común, podría pensarse. Pero evidentemente no es tan simple como suena. Muchas personas —en especial las desafortunadas— nunca parecen dominarlo. A menudo se quedan atoradas en malas situaciones, en muchos casos de por vida.

Si el efecto trinquete parece simple de entender, ¿por qué no todos pueden practicarlo con éxito? Resulta que, para muchos, quizá para la mayoría, hay dos grandes obstáculos emocionales que se interponen.

Estos obstáculos no son tan grandes que no sea posible superarlos. Algunos hombres y mujeres parecen hacerlo con mucha facilidad, razón por la cual llamamos a estas personas *afortunadas*. El resto de nosotros debe esforzarse. No obstante, el mero acto de encontrar el lugar donde esos obstáculos están y estudiar su forma los vuelve en seguida menos formidables. Conocer bien a un oponente es el primer paso para vencerlo. Si logras entender con claridad las otras razones por las cuales la buena suerte te ha eludido, ya eres más afortunado de lo que eras cuando solo te sentabas desconcertado, y te lamentabas: «¡Algunas personas tienen toda la suerte!».

Estudiemos esos dos obstáculos y veamos qué se puede hacer respecto a escalar por encima de ellos.

EL PRIMER OBSTÁCULO

Es muy difícil decir: «Estaba equivocado».

Gerald M. Loev, quien murió en 1975, era un especulador de la bolsa de valores y, sin duda, uno de los más brillantes y afortunados en Wall Street en años recientes. A diferencia de muchas otras estrellas brillantes que iluminaron el *boom* de las décadas de 1950 y 1960, Loeb y su dinero no se desvanecieron cuando la prosperidad terminó en 1969. Tampoco se desvaneció el dinero de aquellos que escucharon sus consejos, pues Loeb era un hombre que sabía cómo manejar la suerte. En especial, entendió el efecto trinquete. Él sabía que la rueda no siempre giraría en la dirección correcta, y cuando comenzó a retroceder, estuvo preparado. Congeló su suerte donde estaba. Salió del mercado con la mayor parte de sus ganancias intactas.

Loeb no solo era inteligente. También era cautivadoramente honesto. Su famoso libro de consejos se titulaba *The Battle for Investment Survival* (La batalla por la supervivencia de la inversión). Una vez le pregunté por qué le había dado ese nombre tan negativo, que hacía sonar a la especulación de acciones como un trabajo demasiado pesado y conflictivo. Muchas de las guías sobre Wall Street prometen grandes ganancias, mucha diversión y nada de trabajo. Loeb estuvo de acuerdo en que su título era un tanto intimidante. Él explicó:

—No quiero que las personas se me acerquen y digan: «Mira, Loeb, tú dijiste que sería fácil, pero no lo fue». El hecho es que, para la mayoría de las personas, esta es una de las maneras más difíciles que existen en la Tierra para ganar dinero. Cavar zanjas es más fácil. Mi libro tiene fórmulas que funcionan, pero solo si tienes las agallas para usarlas bien. Se requiere disciplina. Se requiere... no sé, algo que no todos tienen.

Una de las secciones más importantes del libro es una fórmula para aplicar el efecto trinquete a la especulación de acciones. Esta fórmula no fue idea de Loeb. Los asesores viejos y sabios instaban a los recién llegados en los mercados de capital de Ámsterdam a aplicarla desde el siglo XVI. Pero Loeb la expresó con más claridad y firmeza que los demás, y fue capaz de ello porque había usado la fórmula durante su larga vida de toma de riesgos (que comenzó en 1920) y tenía fe inquebrantable en ella. No obstante, mientras escribía supo que relativamente pocos de sus lectores aplicarían la fórmula con la audacia y decisión suficientes para que funcionara.

—En papel luce perfectamente lógica —musitó con tristeza—. La gente la lee y dice: «¡Oye! ¡Sí! ¡Magnífico!». Pero cuando de veras comienzas a usarla, descubres que duele. Descubres qué tan hombre o mujer eres en realidad.

En esencia, la fórmula funciona de este modo: seleccionas acciones que comprar. Se presume que tu elección está basada en datos reunidos de forma diligente, sabios consejos, buenas corazonadas y otros elementos del juicio racional. Al mismo tiempo, debes admitir justo al inicio que no puedes saber el futuro. Si has hecho bien tu tarea, tienes una base razonable para tener esperanzas de que el precio de las acciones subirá a alturas gratificantes. Pero no puedes estar seguro. El precio podría caer al día siguiente de que compres las acciones debido a circunstancias que no pudiste prever o a combinaciones de hechos que de algún modo no se mezclaron apropiadamente cuando tuviste tu corazonada. O el precio tal vez suba por poco tiempo para luego volver a caer. O, si tienes suerte, no caerá hasta que haya subido por mucho tiempo. Nada de esto estará dentro de tu poder de previsión o tu control. En la especulación de acciones, como en todas las empresas humanas, estás parcialmente a merced de la suerte.

Sin embargo, hay una certeza. Tarde o temprano, el precio caerá. Cuando lo haga, en la fórmula de Loeb, se activará tu mecanismo de trinquete. Venderás siempre que el precio caiga de 10% a 15% del valor más alto al que retuviste las acciones, *y no importa si entonces ganas o pierdes.*

Obviamente, esta fórmula no garantiza ganancias. Podrías comprar muchas acciones al hilo y ver consternado cómo todas caen 10%, lo que te obligaría a vender. Quien quiera que use esta fórmula debe estar preparado para aceptar una buena cantidad de pérdidas pequeñas mientras espera por la ganancia. Lo que sí garantiza la fórmula es que nunca te golpeará una gran pérdida del tipo que aniquiló a tantos especuladores en 1929 y 1969. El efecto trinquete te protege contra la mala suerte.

Es una fórmula en extremo sensata. Por desgracia, relativamente pocas personas son capaces de usarla con éxito. Como el mismo Loeb señaló con tristeza, causa mucho dolor porque, entre sus otras dificultades, requiere que te mires a ti mismo y a otras personas a los ojos de vez en cuando y digas: «Estaba equivocado».

Eso duele. A veces de manera insoportable. El típico especulador de poca monta evita el dolor y, por lo tanto, permanece como un especulador de poca monta; o uno en quiebra. Si compra acciones cuyo precio comienza a hundirse, se aferra con la esperanza de que eventos futuros por fin reivindiquen su juicio. «Esta caída en el precio solo es temporal», se dice a sí mismo con esperanza. «Hice bien al comprar estas acciones. Sería apresurado venderlas solo por algo de mala suerte inicial. Si vendo, lo voy a lamentar. El tiempo demostrará lo inteligente que soy».

Y también es cierto que podría arrepentirse si vende. La canción *Left-Behind Blues* es una de las más tristes de Wall Street. Habla sobre la negra tristeza que te envuelve cuando las acciones que acabas de vender empiezan a duplicar su precio. Esta deprimente experiencia puede ocurrirle a cualquiera y de hecho le pasa a miles de vendedores deprimidos cada año. Pero no hay absolutamente ningún un modo de predecir cuándo ocurrirá. Cuando un precio comienza a caer, es más sabio suponer que seguirá cayendo que ponerse a rezar porque pronto vuelva a subir. Es más seguro tomar una actitud audaz y retirarte con una pérdida pequeña. Ciertamente te sentirás triste si luego tus acciones despegan y te dejan atrás, pero la tristeza será mucho mayor si te aferras y te hundes hacia la perdición.

Esto hace con demasiada frecuencia el especulador desafortunado, y es una de las razones principales por las cuales es desafortunado. Al ser emocionalmente incapaz de vender, se aferra a sus acciones perdedoras, rezando por que en algún momento vuelvan a subir al precio al cual las compró. Podrían hacerlo meses, años o décadas después (muchos de los perdedores de 1969 siguen siendo perdedores; al igual que algunos de los de 1929). Si sus acciones perdedoras vuelven a su precio original luego de diez años de espera, podría convencerse a sí mismo de que fue inteligente después de todo. Será capaz de decir: «¡Ajá! ¡Ahora ya no tengo pérdidas!». Pero su dinero habrá estado inmovilizado en esta inversión estancada por una década, tiempo durante el cual pudo haberlo duplicado almacenándolo en certificados de ahorros a largo plazo. Mientras no pudo mover su dinero, el especulador más afortunado había sacado su dinero para que hiciera un trabajo útil.

Desde luego es probable que el especulador afortunado haya tenido que pasar por muchas de esas experiencias poco placenteras en las que dijo: «Estaba equivocado». Tuvo que reconocerlo ante sí mismo, a su corredor de bolsa, a sus familiares, quizás a sus amigos. Es del todo seguro asumir que odió cada minuto de esta mortificación. Pero aguantó con firmeza el trago amargo, y lo hizo con audacia.

En un intrigante libro de 1973, *Psyche, Sex and Stocks* (Psicología, sexo y la bolsa de valores), el psiquiatra Stanley Block y el psicólogo Samuel Correnti hablaron sobre un largo estudio de «perdedores natos» en el mercado. Una de las características más comunes de esta triste tribu, según determinaron estos investigadores, es «una abrumadora necesidad de probar lo brillante que es uno». Sin duda, la necesidad de sentirse y lucir inteligente existe en casi todos los hombres y las mujeres sobre la faz de la Tierra. Si se controla bien, puede llevar a resultados admirables. Pero si se vuelve tan abrumadora que te prohíbe admitir que estás equivocado, incluso cuando toda la evidencia factual dice claramente que lo estás, entonces esa necesidad se convierte en una causa de mala suerte.

Es probable que sus resultados sean más clara y directamente visibles en la bolsa de valores que en cualquier otra parte, pero si miras con atención, verás cómo esa misma necesidad causa problemas entre los desafortunados en casi todas las áreas de la vida. Lo verás en casi cualquier situación donde el efecto trinquete, aplicado con rapidez y valentía, pudo haber rectificado una mala decisión, y donde esa aplicación rápida y audaz nunca ocurrió.

El doctor Ronald Raymond, psicólogo clínico de Connecticut, ha descubierto que las personas desafortunadas a menudo terminan atrapadas en matrimonios y otras relaciones a largo plazo que, podrían haber previsto, no funcionarán. Una rápida acción al comienzo habría terminado una relación fallida antes de que se convirtiera en un enredo, pero esa acción, desde luego, requiere a alguien que diga: «Estaba equivocado». Incluso puede requerir que una de las partes o ambas atraviesen por el dolor y la vergüenza de cancelar una boda.

—Las personas evitan hacerlo porque piensan que los hará parecer tontos y ridículos —dice Raymond—. Así que, incluso si comienzan a tener serias dudas, continúan siendo arrastrados hacia el día de la boda. Entre más se acerca el día, más se enredan. Al final, por pura inercia, se encuentran a sí mismos casados sin querer estarlo, y entonces enfrentan años de infelicidad, quizá toda una vida. Terminan consultando a personas como yo en busca de una salida. Lo que debieron haber hecho era plantarse antes de la boda y decir «¡Alto! ¡Estoy en el tren equivocado!». No tiene sentido que les diga eso porque ya lo saben. Pero, desde luego, ya es muy tarde.

Para los desafortunados, a menudo es «demasiado tarde». Casi siempre hay un momento al inicio de cualquier aventura que comienza a echarse a perder cuando el efecto trinquete podría aplicarse con mucha facilidad y tú saldrías con una pérdida menor o sin pérdidas. Pero ese momento pasa demasiado rápido. Luego, el pegamento de las circunstancias se endurece rápidamente alrededor de tus pies y quedas atascado, quizá para toda la vida.

—Es triste pensar cuántos hombres y mujeres están atascados en empleos que odian —comenta Bill Battalia, el *head hunter*—. En muchos casos se trata de personas que pudieron hacer cambios más temprano en sus vidas. Pero entre más permaneces en un trabajo o una carrera, más difícil es renunciar.

F. Scott Fitzgerald pensaba en esto cuando dijo que no hay «segundas partes en las vidas estadounidenses». Desde luego, exageraba. Muchos hombres y mujeres a veces cambian de carrera y rediseñan sus vidas a medio camino. Pero esto es tan difícil de lograr que no se intenta con frecuencia. Ciertamente, no es un patrón común en Estados Unidos (ni en Europa, de hecho). En el patrón común, las vigas estructurales principales de una vida ya se consideran inamovibles para cuando uno cumple 30 años o antes. Solo ocurren pequeños ajustes a partir de entonces.

Si la estructura resulta ser significativamente menor que el gran castillo volador con el que alguna vez soñaste, te llamarás a ti mismo desafortunado en una medida u otra. La mala suerte pudo haberse evitado de haber estado dispuesto a decir «Estaba equivocado» antes de que las vigas principales quedaran fijas.

Battalia cuenta una historia típica de mala suerte que pudo haberse evitado. Un joven químico dejó una pequeña compañía minera en el noroeste para tomar un trabajo con mejor salario en una gran compañía cerca de la ciudad de Nueva York. Su esposa pensó que cometía un error. Ella estaba segura de que él no sería feliz en un ambiente urbano, lejos de sus montañas y sus ríos llenos de truchas. Su jefe, el presidente de la compañía minera, también pensaba que el movimiento era poco inteligente. El presidente dudaba que el joven pudiera adaptarse bien a la vida en una organización grande. «Pienso que estarás en mi oficina en medio año, pidiéndome que te devuelva tu trabajo», dijo el presidente de forma amigable. «Estaré esperando. Cuando quieras volver, solo dímelo».

A pocos meses de mudarse al área de Nueva York, el joven químico supo que tanto su esposa como su antiguo jefe tenían razón. No le gustó la vida en la metrópolis. Más aún, una pieza de mala suerte imprevisible se desarrolló en su nuevo trabajo: Hubo cambios drásticos a nivel gerencial. El alto ejecutivo que lo había contratado, y quien le había prometido mantener abierta una amplia avenida de posibilidades de crecimiento para él, fue transferido de repente a otra parte de la compañía y prácticamente perdió todo poder. Y pronto, el químico descubrió que tanto su trabajo como las posibilidades futuras eran bastante diferentes de lo que le habían prometido.

Este hubiera sido el momento ideal de poner a funcionar el mecanismo de trinquete, pero el químico no quería decirle ni a su esposa ni a su antiguo jefe cuánta razón habían tenido. Se quedó en Nueva York y esperó que ese mal comienzo evolucionara de algún modo hacia un final feliz.

—Es verdad que a veces un problema se irá si solo esperas y no haces nada —dice Battalia—. He conocido a muchas personas que guían sus vidas con esa filosofía. Piensan: «Si espero, quizás esta persona que me está cerrando el paso se vaya. Quizá se muera. Quizá toda esta mala situación cambie de algún modo que no puedo prever». Seguro, los problemas desaparecen de vez en cuando si les das tiempo. Pero si construyes una filosofía de vida sobre esta idea de espera pasiva, me parece que estás yendo en contra de las probabilidades. Usualmente los problemas no desaparecen; al menos no con rapidez. Es más frecuente que se queden donde están o empeoren.

Eso fue lo que le ocurrió al químico. Cuando finalmente comprendió que sus problemas no eran temporales, ya estaba atascado. Bien pudo haber dejado ese trabajo desafortunado durante los primeros años, pero el primer obstáculo no era todo lo que yacía en su camino. Enfrentaba otro obstáculo… y entre más esperaba, más crecía.

EL SEGUNDO OBSTÁCULO

Es demasiado difícil abandonar una inversión.

Una inversión puede consistir de dinero, amor, tiempo, esfuerzo, compromiso o una combinación de cualquiera de las anteriores o de todas. Sin importar de qué estén conformadas, son algo que se atesora, algo que debe protegerse. Si uno de tus emprendimientos se echa a perder, el único modo de salirse de él es abandonar lo que habías invertido, y eso duele al menos tanto como admitir que estabas equivocado. A veces mucho más. A algunas personas les duele tanto que parecen incapaces de hacerlo. Por lo tanto, quedan firmemente atrapadas en decisiones y lugares condenados y solo dan patadas de ahogado mientras la mala suerte empeora.

El químico de la historia de Bill Battalia sintió que había puesto una inversión considerable en su nuevo trabajo en Nueva York. Estaba la inversión inicial de dinero: mudar a su familia al otro lado del país, comprar y amueblar una casa en los suburbios. O la inversión de tiempo, que desde luego crecía día con día. Había una enorme inversión de esfuerzo, pues el hombre tuvo que trabajar duro y aprender nuevas habilidades para su trabajo. Asistió a seminarios de investigación patrocinados por la compañía, se inscribió en cursos universitarios nocturnos para llenar algunos vacíos en su educación técnica. Conforme transcurrieron los años, también comenzó a sentir que tenía una inversión cada vez mayor en la pensión de la compañía y los planes de bonos, ambos diseñados para recompensar un largo servicio.

Luego de siete u ocho años, se sintió indisolublemente atrapado detrás de este segundo obstáculo. Ahora sabía casi con certeza que el trabajo ideal con el que alguna vez soñó —un trabajo en la investigación pura— jamás se materializaría. Estaba atascado en una de las divisiones menos animadas de la compañía, en un trabajo que principalmente involucraba compras y controles de calidad. Todavía está ahí hoy día; un hombre de mediana edad que, taciturno, cuenta el tiempo que falta para la jubilación. No es un hombre feliz. A veces se queja con sus amigos de que no recibió las oportunidades que reciben otros. Eso es verdad hasta cierto punto. Pero cuando su aventura en Nueva

York se echó a perder, pudo haber aplicado el efecto trinquete y haberse retirado sin grandes pérdidas. Y haberse marchado en busca de mejores oportunidades… si tan solo hubiera actuado con la rapidez suficiente. No lo hizo, y en poco tiempo ya era demasiado tarde.

Esta misma renuencia a abandonar una inversión es la causa de mucho sufrimiento en Wall Street. El trinquete estilo Loeb te obliga a abandonar alrededor de una décima parte de tu dinero cuando la mala suerte ataca. Puedes quedarte con nueve décimas, lo que debería ser un alivio, pero para muchos no es alivio suficiente. El inversionista «estreñido», como los doctores Correnti y Block cruelmente lo denominan, no soporta tener que dejar ir algo. Una vez que está en una aventura, se atasca en ella incluso cuando lo arrastra hacia su ruina.

El obstáculo puede volverse todavía más aterrador en los juegos de apuestas como el póker. En una mano de póker, como en muchas de las aventuras más importantes de la vida, debes seguir sumando a tu inversión si quieres permanecer en el juego. En ese aspecto, el póker es más duro que Wall Street. Cuando compras acciones (a menos que compres con margen), solo haces una inversión y eso es todo. Si la aventura sale mal y no la dejas ir, no se te pide que hagas nada además de observar con tristeza mientras tu dinero desaparece. Nadie te pide que eches más dinero al pozo. En el póker es diferente. En ese juego exquisitamente angustiante, debes invertir más dinero todo el tiempo para proteger el dinero anterior. Mientras más permaneces en el pozo, más crece tu inversión y te vuelves más renuente a abandonarla.

El doctor E. Louis Mahigel, profesor de comunicaciones en la Universidad de Minnesota, es un hombre que sabe mucho de póker y sobre las personalidades de los perdedores y ganadores crónicos. Él desertó de la preparatoria a los 15 años y pasó los siguientes diez años ganándose la vida como apostador profesional; «estafando», para usar su propio término. Ganaba bien. Él piensa que su éxito provino en su mayor parte del hecho de que estudiaba y entendía a la gente, «incluido él mismo». Cuando por fin se cansó de estafar, obtuvo su diploma de la preparatoria, fue a la universidad y terminó con un doctorado; pero todavía recuerda todos esos juegos de póker y los hombres y las mujeres que ganaron y perdieron.

—Una característica sobresaliente del apostador exitoso, del profesional —dice—, es que sabe cómo y cuándo abandonar una mano y reducir sus pérdidas. Desde luego, conoce todas las probabilidades matemáticas de memoria, lo que le da una ventaja sobre la mayoría de las personas a las que estafa, pero su principal ventaja está en el área de la emoción. Cuando las probabilidades dicen que tal vez no gane, lo acepta, solo deja su dinero en el pozo y descarta su mano. El perdedor crónico no está emocionalmente equipado para hacer eso. Está tan desesperado por no perder su inversión que toma riesgos desesperados para protegerla.

La disposición a aceptar una serie de pequeñas pérdidas mientras espera por una gran ganancia es la característica clave de todos los apostadores y especuladores que tienen éxito a largo plazo. De todos. También es una característica clave de los hombres y las mujeres afortunados en general. Como Gerald Loeb dice:

—Saber cuándo vender todo y tener las agallas para hacerlo en el momento correcto... esa es una técnica esencial de la vida exitosa. No solo aplica a la especulación con acciones. Es mejor usar la técnica de forma ineficiente que nunca aprenderla.

Los hombres y las mujeres afortunados ciertamente tienen la capacidad de vender todo cuando es necesario. Por lo general evitan quedarse atrapados en relaciones amorosas poco satisfactorias. Saben que es mejor salir de una relación así antes de que se convierta en un matrimonio, incluso si al hacerlo deban abandonar una inversión de amor. Salen de malas situaciones laborales sin esperar demasiado, aunque ello signifique dejar atrás una inversión de uno mismo.

Una vez conocí a un banquero suizo y millonario por esfuerzo propio que resumía su filosofía de inversiones así: «Si estás perdiendo un tira y afloja contra un tigre, suelta la cuerda antes de que se quede con tu brazo. Siempre puedes comprar una cuerda nueva». Hay momentos en la vida cuando debes aceptar una pérdida pequeña para escapar de una grande. Es probable que, al cuestionarlas sobre esto, casi todas las personas mayores de 10 años reconocerían esto como verdad. Pero solo los afortunados parecen capaces de actuar regularmente conforme a ella.

Nada de lo dicho en este capítulo (o el anterior) debería interpretarse como que los afortunados como grupo son volubles y caprichosos. No hay evidencia de que puedas mejorar tu suerte saltando aleatoriamente de una situación a otra, de una persona a otra, de un lugar a otro como una pelota de golf lanzada hacia un bosque. La reacción útil es valorar cada situación y quedarse en ella si promete producir los resultados que esperabas. Solo si se echa a perder, entra en acción el trinquete.

La mayoría de las personas afortunadas cuyas vidas he estudiado no fueron caprichosas al realizar sus movimientos. No buscaron cambios por el mero hecho de cambiar, impulsados por un aburrimiento crónico o una esperanza infantil de que el césped sería más verde en el siguiente jardín. No saltaron lateralmente entre empleos, de un empleo a otro similar y luego a otro. Ni tienen divorcios múltiples, o entran y salen a tropezones de compromisos personales en una búsqueda confusa de alguna dicha privada desconocida. Un estado de rebote continuo, sin descanso y sin objetivo no incrementa de forma demostrable las probabilidades de encontrar la buena suerte y, de hecho, en algunos casos lleva directo a la mala suerte.

En lo que a la suerte concierne, solo parece haber dos razones útiles para hacer un cambio. Analizamos una en el capítulo anterior: una pieza de buena suerte claramente definida pasa frente a ti y te aferras con valentía a ella. En este capítulo vimos otra: una situación salió mal —apareció la mala suerte— y aplicas el trinquete para salir rápidamente, antes de que las cosas empeoren y te quedes atascado.

La audacia y el efecto trinquete son componentes gemelos del ajuste de la suerte. Dentro de ciertos límites, te permiten elegir tu propia suerte. Tomas lo bueno y descartas lo malo. Podría ser casi como escoger manzanas de un tonel, excepto que es mucho, pero mucho más difícil. Tanto así que solo muy pocos hombres y mujeres saben cómo hacerlo. Los llamamos *afortunados*.

Nota una última cosa sobre la audacia y el efecto trinquete: Se complementan entre sí. Si eres audaz, es probable que tu mecanismo de trinquete funcione con rapidez y decisión cuando lo necesites. Y si tu trinquete funciona de manera confiable —si tienes la confianza de que no te dejará atascado en lugares equivocados—, ese hecho respaldará tu audacia.

Con un trinquete que funcione, puedes adentrarte en empresas atractivas que de otro modo te habrían asustado. Te dices a ti mismo: «Sí, en esta aventura perderé algo si mi suerte se vuelve mala. Pero no me permitiré perder mucho. Si este empleo no funciona, o si no me llevo bien con esta persona, si la bolsa de valores se hunde mañana... admitiré que estaba equivocado, dejaré el 10% atrás y me retiraré».

Y así, te adentras en la aventura con audacia. Tus pérdidas potenciales están limitadas, pero tus ganancias potenciales no. Dentro de los límites, pero de modo perfectamente real, tu suerte está bajo tu propio control.

CAPÍTULO 5

LA PARADOJA DEL PESIMISMO

De algún modo, se cree que las palabras *afortunado* y *optimista* van de la mano. Cuando comencé a fastidiar a personas afortunadas y desafortunadas, años atrás, esperaba descubrir que los más afortunados serían abrumadoramente optimistas. Estaba equivocado.

Claro, por lo general los afortunados son felices. Los consideramos afortunados y ellos también se sienten afortunados porque, en parte a través de su propio esfuerzo y en parte a través del funcionamiento del azar (o el destino, o Dios, u otra cosa) han alcanzado metas personales que son importantes para ellos. Es válido llamar a la mayoría *complacidos*, *contentos*, *satisfechos*. Sonríen mucho. Es divertido convivir con ellos. Pero llamarlos *optimistas* es un mal uso de la palabra. Ser optimista es esperar los mejores resultados. Por regla general, los afortunados no los esperan. De hecho, la mayoría de ellos alimentan un núcleo básico de pesimismo tan denso, duro y quisquilloso que te sorprende cuando lo ves por primera vez. Sí: alimentan. Atienden a su pesimismo con amoroso cuidado, lo protegen de agresiones, lo ejercitan todos los días para mantenerlo en forma. A veces de forma consciente y a veces de manera intuitiva, lo atesoran como algo de valor. Perderlo sería perder... pues, la suerte.

Al principio, me fue difícil entender este fenómeno. Parecía paradójico. ¿No deberían ser optimistas los hombres y las mujeres afortunados? Me desconcertaba escuchar a un profesional de Las Vegas decir: «No pienses en ganar hasta que no te hayas preparado para perder». O escuchar a J. Paul Getty: «Cuando acepto cualquier acuerdo de negocios, mis pensamientos principales son cómo voy a salvarme si todo sale mal». U oír a una brillante y exitosa especuladora decir: «De cada cuatro transacciones, asumo que perderé dinero en tres. Y no me sorprende cuando pierdo en las cuatro».

El sagaz Gerald Loeb lo dijo del modo que más me asombró:

—En la bolsa de valores —aseguró lisa y llanamente—, el optimismo puede matarte.

Más nos vale averiguar qué está pasando.

Resulta que los usos del pesimismo entre los afortunados pueden articularse en términos de dos leyes cardinales. Estas leyes se entrelazan. Deberían enseñarse juntas, ya que en realidad son dos partes de una ley. No obstante, para tener claridad, las separaremos temporalmente y las estudiaremos una por una.

LEY DE MURPHY

Hasta donde he podido averiguar, no hay y no hubo jamás un profesor Murphy, creador de la Ley de Murphy. Las razones por las cuales este nombre en particular se asocia con esta ley se han perdido en la nebulosa del tiempo. No obstante, la ley es bien conocida y con frecuencia se reitera entre ingenieros, empresarios y otros que anhelan la certidumbre en un mundo incierto. La ley dice: «Si algo puede salir mal, lo hará».

En un capítulo anterior, vimos que la fortuna favorece a los audaces, y estudiamos algunas razones por las cuales la audacia incrementa las probabilidades de encontrar buena suerte. Pero también vimos que las personas afortunadas ingresan a cada aventura equipadas con un mecanismo de trinquete, justo en caso de que las cosas salgan mal. Los afortunados son, por definición, personas favorecidas por la fortuna; pero una de las razones por las cuales son favorecidas es que nunca asumen que lo serán. Saben que la fortuna es inconstante. Quizás hoy te acaricie con ternura, pero mañana podría patearte.

Nunca asumas que eres el favorito de la fortuna. Justo cuando la vida es mejor y más brillante, cuando parece que has sido elegido, alimentado y protegido por una inexpugnable buena suerte… es cuando eres más vulnerable ante la mala fortuna. Ahí es cuando la euforia puede derretir tu pesimismo. Y cuando el pesimismo desaparece, te encuentras en peligro. Bajas la guardia, desconectas tu mecanismo de trinquete, descartas las extrañas corazonadas que intentan decirte lo que no quieres oír. Y, entonces, repentinamente, estás con la cara enterrada en el lodo y con el pie de la fortuna sobre el cuello.

Helena Rubinstein, quien hizo su fortuna en un mundo que no era hospitalario para las mujeres en los negocios, entendió la Ley de Murphy inusualmente bien. Ella fue bendecida con un pesimismo duro como una roca, que la euforia no podía derretir. Poco antes de su muerte, a la edad de 95 años, escribió el libro

Mi vida por la belleza, en el cual describió el impactante crecimiento de su empresa desde un modesto salón de belleza en Australia hasta una corporación de fama internacional. Ella reconoció sin ambages el misterioso papel de la suerte. El libro está lleno de frases como «giro del destino» y «ángel de la suerte». Desafortunadamente, dijo poco sobre las causas detrás de toda esa suerte, y en un aparente intento por mantener un tono ligero, no expuso casi nada sobre la que a mi parecer era una de sus características clave: ese bloque de granito del pesimismo.

¿Pesimismo? Así es. La llamé por teléfono una vez por asignación de una revista, y en cuanto se dio cuenta de que la estaba llamando desde una cabina telefónica, insistió en que le diera mi número en caso de que la llamada se cortara. A mí no se me había ocurrido la posibilidad, pero evidentemente ella era una mujer que conocía a fondo la Ley de Murphy. Si algo puede salir mal, lo hará. Y así fue. La llamada se cortó y en mis bolsillos ya no había monedas.

Desde luego, el pesimismo le había servido en formas mucho más importantes durante su afortunada y ajetreada vida. Su propia versión de la Ley de Murphy era: «Si hay un modo equivocado de usar este producto, alguien lo hallará». Y el corolario: «La mujer que lo halle tendrá amigas con las que habla mucho». Una vez, mientras desarrollaba una nueva crema para la piel, preguntó qué pasaría si alguien dejaba abierto un tarro de la crema sobre un radiador. Lo que ocurrió fue un desastre comercial potencial. El producto, al calentarse, se volvía una repugnante sopa espumosa. El producto se desechó.

En Londres había conocido y admirado a Isadora Duncan, la bailarina. A Helena Rubinstein siempre le había atraído lo que llamaba un «toque» de decoración de interiores y confección —lo dramático y lo colorido—, y le fascinaban las mascadas largas y colgantes y los chales que la bailarina vestía con regularidad.

—Me preguntaba cómo lucirían en mí —reportó más tarde.

Pero al ser estudiante de la Ley de Murphy, terminó por rechazar el pensamiento. Imaginó que las mascadas quedarían atoradas en puertas, que caerían sobre la sopa durante cenas sociales y harían caer estatuillas frágiles de los estantes. En este caso, su pesimismo no fue tan exagerado. Isadora Duncan murió a los 49 años cuando los extremos de su mascada se atoraron en la rueda de su auto en movimiento.

Puede que Isadora Duncan perteneciera a la problemática tribu de personas a las cuales los psicólogos y doctores de cabecera llaman «propensas a los accidentes». La mayoría de sus accidentes fueron triviales —golpes en los dedos de los pies, cortaduras en los de las manos—, pero algunos fueron o pudieron haber sido graves, como cuando cayó por un agujero en la cubierta de un barco. Evidentemente, estos accidentes no fueron causados por una torpeza o ineptitud físicas, pues era una mujer de gracia extraordinaria, al menos cuando se presentaba en un escenario. La verdad parece ser que Isadora Duncan simplemente era una mujer que, cuando algo podía salir mal, lo permitía. Su desatención, no solo en términos de lesiones físicas sino en todas las áreas de su vida, a veces resultaba increíble. Tuvo tres hijos (todos murieron antes que ella, uno poco después de nacer y dos en un accidente de tránsito); siempre tenía problemas con varias oficinas del gobierno debido a pasaportes y otros documentos perdidos; casi siempre estaba quebrada y pasaba mucho tiempo huyendo de acreedores furiosos, no solo debido a ingresos inadecuados sino por una gestión asombrosamente mala.

Una antigua teoría psicoanalítica sostiene que es probable que una persona de este tipo —siempre en problemas a pesar de un gran talento, plagada de accidentes, y por último con una muerte a temprana edad— abrigara un deseo subconsciente de destruirse a sí misma. La teoría aún tiene cierta vigencia entre analistas aficionados, pero su aceptación entre los profesionales de la salud mental está disminuyendo. El doctor Frederick I. McGuire, psiquiatra de la Universidad de California y autoridad de fama nacional sobre la propensión a accidentes, ve esta teoría con precaución.

—Es cierto que parece haber sentimientos masoquistas y suicidas involucrados en algunos accidentes —comenta—, pero usar eso como una explicación general para la propensión a los accidentes sería equivocado. Hay muchas explicaciones posibles.

El doctor Jay Livingston, un psicólogo de la Universidad Estatal de Montclair que ha estudiado a los perdedores crónicos entre miembros de Apostadores Anónimos, apoya la percepción de McGuire.

—El antiguo punto de vista del psicoanálisis está desactualizado —apuntó—. Ya sea que hables de accidentes o de cualquier otra variedad de mala suerte aparente y crónica, decir que la mayoría o incluso muchos de los perdedores desean perder, no es consistente con los hechos como yo los conozco. En mi experiencia, la mayoría de los hombres y las mujeres quiere *ganar*. Cuando pierden, no es debido a que lo quieran, sino a algún otro problema; en muchos casos, un suministro excesivo de optimismo.

O, para ponerlo en términos de la Ley de Murphy, un suministro escaso de pesimismo. Este parece haber sido el factor clave en la impactante vida de accidentes, documentos perdidos y problemas financieros de Isadora Duncan. Es evidente que confiaba demasiado en la suerte. «Le pertenezco a los dioses», escribió en su pretenciosa y frívola autobiografía. «Mi vida está regida por señales y presagios...». Cuando ocurría una nueva situación, esperaba que esos dioses (o puesto de forma más simple, la suerte) se hicieran cargo de ella. Rara vez se detenía para preguntarse qué podría salir mal o para tomar precauciones en contra de la mala suerte. Una vez, cuando organizó impulsivamente una gran fiesta y exhibición de danza en el exterior, un amigo le sugirió que era más prudente encontrar una ubicación interior alternativa en caso de lluvia. Ella lo reprendió por ser «un aburrido» y agregó de forma dramática: «La vida es para vivirse, ¡no para preocuparse por ella!». Por supuesto, llovió. Entre las pocas personas que se presentaron se encontraba el encargado del *catering*, quien demandaba el pago por la montaña de comida cara que se había perdido.

Esto es parte de la paradoja. Las personas que más confían en la suerte están entre las menos afortunadas, pues cuando te apoyas demasiado en la fortuna, con frecuencia ella se aparta de ti.

Las personas afortunadas evitan accidentes gracias a que son pesimistas. Se preguntan: «¿Qué puede salir mal cuando pinte el interior de la puerta de este dormitorio? ¡Por supuesto! Aunque cuelgue un letrero en el otro lado, algún tonto abrirá la puerta exactamente en el momento equivocado y la puerta me golpeará la cara; o me golpeará en el codo y hará que tire la brocha al piso; o tirará la lata de pintura. O las tres cosas. Para asegurar mi suerte, me comportaré como si todo esto debiera ocurrir. Pondré la lata allá en vez de aquí, y apoyaré el pie en la puerta...». En contraste, los desafortunados tienden a encogerse de hombros y decir: «Ah, confiaré en mi suerte. Las probabilidades están de mi lado. Solo me tomará diez minutos hacer el trabajo. Los niños no están cerca, y el abuelo está tomando su siesta frente a la televisión...». Desde luego, casi es posible predecir que justo será el día en que el abuelo no pueda dormir y atraviese torpemente la puerta en busca de sus anteojos.

Un estudio exhaustivo, de años de duración, sobre accidentes entre conductores de autobús, realizado en Sudáfrica, llegó a conclusiones similares respecto a la importancia del pesimismo. Entre los conductores «de riesgo» —aquellos que habían estado involucrados en una cantidad de accidentes superior a la normal—, resultó que el exceso de optimismo era una característica sobresaliente. Este optimismo aplicaba en tres direcciones: El conductor de riesgo tenía demasiada fe en *1)* sus propias habilidades, *2)* el buen sentido y las habilidades de los demás conductores, y *3)* la suerte. Algunos de los conductores más propensos a accidentes eran bastante supersticiosos. Confiaban demasiado en que la suerte (que, desde luego, cada uno definía a su manera) los ayudaría a cruzar la vida al igual que intersecciones peligrosas, en vez de intentar controlar ellos mismos sus destinos. Ya hemos visto antes que una superstición inofensiva puede ser útil en ciertas situaciones de toma de decisiones, pero solo después de haberse agotado todos los enfoques racionales para ese problema específico.

El problema del pesimismo poco desarrollado aparece en otro grupo de perdedores crónicos: esa atormentada tribu de hombres y mujeres que siempre están perdiendo dinero a manos llenas en los hipódromos y las mesas de apuestas. La teoría psicoanalítica sobre las pulsiones autodestructivas subconscientes se ha aplicado a los apostadores compulsivos al igual que a los propensos a accidentes. Ya insistí antes respecto a que nunca he encontrado ningún apoyo factual para la teoría en ningún casino, hipódromo o juego de dados callejero. No se sostiene, salvo, quizás, en los casos de algunos individuos demasiado inusuales y severamente perturbados. Casi todos los apostadores quieren buena suerte. Casi todos se deprimen cuando pierden. Cuando ganan, a menudo se transportan a estados de felicidad exagerados, y es por la búsqueda de esa felicidad, de este orgasmo emocional, el cual para algunos constituye el placer más profundo de la vida, que una y otra vez ponen su dinero en las poco confiables manos de la Fortuna.

No albergan deseo alguno de ser pobres y morir de hambre. Por el contrario. En la mayoría de los casos el problema es que sienten demasiado optimismo.

—Si miras las historias de apostadores compulsivos —señala Jay Livingston—, notarás que son personas que al principio ganaban. Cuando comenzaron a apostar, la suerte era buena con ellos. Disfrutaban tanto de la experiencia que la querían una y otra vez. Desde luego, no pueden tenerla una y otra vez: las leyes de la probabilidad lo prohíben. Tú lo sabes y yo lo sé, pero el apostador compulsivo continúa teniendo esperanza.

La maldición del optimismo. El doctor William Boyd, psiquiatra de la UCLA y un comprometido estudiante de la toma de riesgos, piensa que la «suerte de principiante» puede ser peligrosa.

—Si llevas en tu interior las semillas de lo que sea que convierta a alguien en un apostador compulsivo —dice—, lo mejor que te podría suceder sería perder irremediablemente las primeras veces que apuestes. Si el apostador compulsivo latente llega a disfrutar de la suerte de principiante, eso de seguro es muy desafortunado. Puede ser la ruina de la persona.

Y es igual para la vida en su conjunto. Un modo de ver el negocio de los seguros es que vende pesimismo. Compras un seguro para protegerte de la mala suerte. Si no esperas tener mala suerte —si sientes que las estrellas o tus dioses personales o alguna otra voluntad mística te protegerá—, no compras un seguro.

—Como regla general —comenta Peter Fagan, agente de Northwestern Mutual—, mis clientes potenciales más difíciles son adultos jóvenes que han disfrutado de buena suerte al inicio de sus vidas. Como no les ha ocurrido nada malo a ellos o a sus familiares —ni enfermedades ni problemas graves de dinero— se sienten invencibles. A veces solo es una sensación vaga, pero otras veces de verdad creen que tienen algún tipo de favoritismo y dicen «Oh, siempre he tenido suerte» o «Cuando estoy en problemas, invariablemente pasa algo bueno». Me siento mal cuando echo agua fría sobre este tipo de optimismo feliz, pero el hecho es que estas personas muy afortunadas son las más vulnerables a la mala suerte. No compran seguros ni toman otras precauciones, justo por sentirse afortunadas, y son las primeras en ser golpeadas por una suerte catastrófica más adelante.

La condición de sentirse afortunado puede traer consigo un gran peligro personal. Nunca dejes que esa sensación eche raíces. Jamás olvides la Ley de Murphy.

Los apostadores profesionales —los tranquilos que ganan, a diferencia de los compulsivos que pierden— van más allá. Para ellos, la Ley de Murphy es demasiado suave. Ellos no solo esperan que algo salga mal. Esperan que salga de la peor forma posible. No se preparan solo para la mala suerte promedio, se preparan para la suerte escandalosamente mala.

—Los perdedores —dice un profesional de Las Vegas— nunca piensan en el problema de la «tensión», como la llamamos. La tensión significa ser demandante con el capital de apuestas durante una racha perdedora. Debes tener suficiente capital para absorber una serie de pérdidas mientras esperas a que los golpes de suerte lleguen a ti. Entre más capital tengas, mayor es la tensión que puedes soportar. Lo que hacen los perdedores por aquí es que siempre subestiman la tensión. Entran a un juego con una cantidad muy pequeña de dinero. Piensan: «Bueno, tengo bastante para resistir una racha perdedora normal». Todos los profesionales saben que así no funcionan las cosas. Debes esperar mala suerte más allá de lo normal. Debes estar listo para la mala suerte *infernal*.

Esta verdad puede ilustrarse simplemente con el antiguo juego romántico y enloquecedor de la ruleta. Supongamos que decides elegir uno de los juegos para duplicar dinero, digamos rojo-negro. Te restringes a ti mismo a una apuesta de un dólar por giro. La ley de promedios, cuando se observa de manera informal, parece decir que deberías ganar más o menos una vez cada dos giros, con una pérdida adicional ocasional cuando la bola de marfil cae en uno de los números verdes de «la casa». Puede que te digas: «Sé que los colores no saldrán rojo-negro-rojo-negro toda la noche como un reloj haciendo tic-toc. Habrá rachas de un color y rachas del otro. Me prepararé para la mala suerte y supondré que podría haber hasta cinco giros sucesivos en los que pierda. Al permitirse uno o dos dólares adicionales por los números de la casa, supondré que puedo soportar la tensión entrando al juego con siete dólares. Con eso, ¡puedo jugar toda la noche!».

Con ese pensamiento, te quedarás sin dinero fácilmente para el décimo o decimoquinto giro; o, con mala suerte, antes.

Simplemente no has permitido que tu suerte sea tan mala como podría serlo.

De no ser por el problema de la tensión, sería fácil idear varios sistemas a prueba de fallas para vencer a la ruleta. Para ello, solo haría falta incrementar el tamaño de tu apuesta luego de cada pérdida. Apostarías tanto que una victoria eventual te permitiría recuperar todo lo perdido. Suena simple, pero requeriría cantidades astronómicas de capital en una racha perdedora larga (y solo en caso de que se presente alguien con capital astronómico, todos los casinos se protegen estableciendo límites a los tamaños de las apuestas permitidas). Principalmente por esta razón, ninguno de los cientos de «sistemas ganadores» para la ruleta que han sido ideados a lo largo de los siglos —y que siguen siendo vendidos a crédulos optimistas en Las Vegas y Montecarlo hoy día— funcionarán de manera confiable. Algunos lo harán bien si tienes una mala suerte promedio. Ninguno funcionará cuando te encuentres con lo que seguramente te encontrarás a largo plazo: mala suerte peor que el promedio.

Martin Gardner, matemático jugador y discípulo de la aleatoriedad, es un firme adherente a este principio de que deberíamos prepararnos para lo peor de lo peor. En uno de sus ensayos para *Scientific American*, citó a un hombre llamado Billy Lee, quien dijo: «No te preocupes, los rayos nunca caen dos veces en el mismo...».

LEY DE MITCHELL

Martha Mitchell nació en el anonimato en Arkansas, se abrió paso hacia el éxito como modelo, se casó con un abogado con una carrera en ascenso, trepó hasta una vertiginosa cima de fama y fortuna, y luego vio su vida desmoronarse pedazo a pedazo en los últimos e infames días de la administración Nixon. Dos editores y yo nos reunimos con ella para almorzar en Nueva York un día de 1975. Queríamos hablar sobre una autobiografía que ella creía que podía escribir. Las historias en periódicos sobre los años previos nos habían preparado para conocer a una mujer de voz sonora y un gran ego. No conocimos a tal mujer. Martha Mitchell dijo con suavidad:

—La vida es tan resbaladiza como un pedazo de jabón. Si piensas que la tienes bien sujeta, estás equivocado.

Esa es la Ley de Mitchell. La etiqueto con su nombre principalmente para darle un nombre (o quizá porque me encariñé con ella). Otros nombres podrían ser igual de buenos, pues otros hombres y mujeres han expresado la ley con sus propias palabras. El *head hunter* Bill Battalia, por ejemplo, dijo:

—A la gente le gusta hablar sobre planear sus vidas, pero al menos la mitad de la planeación la hace la suerte o el destino, o como quieras llamarlo. Si un hombre exitoso se me acerca y dice que planeó su vida justo como resultó, le digo que está sufriendo de un caso de memoria selectiva.

O Kirk Douglas:

—Nos gusta pensar que controlamos nuestras vidas, pero eso es una maldita ilusión. Siempre está ahí el factor X…

El factor X es la suerte. Al inicio de este libro, definí la suerte como «eventos que influyen nuestras vidas y al parecer están más allá de nuestro control». Si piensas que es posible lograr que tu vida sea inmune a tales eventos, estás delirando. El delirio puede ser peligroso.

—Hubo un tiempo en que tuve al mundo atado a una correa —dijo Marta Mitchell—. Tenía todo lo que quería, y también tenía una sensación de *control*. Sentía que tenía el control de mi vida. Pensé: «Mientras sea cuidadosa, nada puede resbalarse de mis manos». Bueno, la sensación era falsa. Todo resbaló de mis manos. Pude tomar precauciones, pude haber hecho cosas, si tan solo no me hubiera sentido tan fuerte y confiada...

Lo que decía era que el pesimismo habría sido útil... pesimismo acerca de su propio grado de control sobre los eventos. En la década de 1960 no hubiera podido prever todo lo que le ocurriría: que su esposo se involucraría en un escándalo gubernamental desastroso, que ambos caerían de cabeza por la montaña político-social en la que ella se desarrollaba, que los dos se separarían en medio del caos, y que ella se quedaría sola, sin poder, enferma y prácticamente en la pobreza. Nadie pudo predecir esta desconcertante secuencia de eventos, pero fue posible y se debió haber tomado en cuenta la posibilidad de la mala fortuna. Martha pudo haber tomado precauciones, al menos en términos de dinero... y también en términos de sus propias emociones, de modo que la repentina aparición del infortunio no hubiera sido tan sorprendente y devastadora. En el punto más álgido de su gloria, debió haber previsto que «La vida es tan resbaladiza como un pedazo de jabón». Y como ella misma admitió con tristeza, se dio cuenta demasiado tarde. Los hombres y las mujeres afortunados, mucho más que los desafortunados, saben que los eventos impredecibles e incontrolables llegarán sin previo aviso a sus vidas en cualquier momento. No hay una sola vida que esté bajo el control total de su dueño. Las personas afortunadas son aquellas que se adaptan a este ambiente de incertidumbre. Se preparan a sí mismas para sus oportunidades, se protegen a sí mismas de sus peligros. Si un fragmento de buena suerte pasa frente a ellas —como hemos visto—, lo toman en vez de ignorarlo y continúan empujando al frente en línea recta hacia una meta planeada. Si la mala suerte llega, están bien posicionadas para saltar a un lado antes de que los devore. Como tribu, los afortunados no abrigan delirios como que la vida es ordenada, que es posible planearla con precisión, que ocurrirá tal y como uno lo desea. Esta falta de orden complace y emociona a algunos, pero irrita a otros, tal y como irrita a los desafortunados. La diferencia es que los afortunados aceptan el desorden como un hecho con el cual deben lidiar, les guste o no.

Los desafortunados tienden a discutir con el desorden en vez de aceptarlo. Esto se ilustró claramente en un estudio del doctor Eugene Emerson Jennings, profesor de ciencias administrativas de la Universidad Estatal de Michigan. Él analizó las vidas de ejecutivos en un intento por aprender qué cualidades conforman el éxito o el fracaso. En el sobresaliente libro que surgió de este estudio de varios años de duración, *Executive Success* (El éxito de los ejecutivos), reportó que las dos características sobresalientes de los ejecutivos «propensos al fracaso» son una «inmunidad ilusoria» a la mala suerte y una «ilusión de control» sobre todos los eventos de la vida.

—El trabajo de un ejecutivo es que las cosas ocurran como se planearon —escribió Jennings—, [pero] en ocasiones las cosas ocurren por error o azar.

Los ejecutivos constantemente exitosos están preparados desde el punto de vista emocional para la mala suerte y no se desmoralizan cuando golpea. En cambio, es más probable que los ejecutivos propensos al fracaso, con sus dos ilusiones gemelas de inmunidad y control, pierdan el equilibrio y caigan.

—Cada ejecutivo tiene un estilo de suerte —dice Jennings.

El ejecutivo exitoso está al tanto de que la suerte o el azar puede destripar hasta los planes más cuidadosamente construidos. Cuando eso ocurre, el ejecutivo exitoso se siente infeliz, desde luego, pero es capaz de superar el infortunio diciendo: «Bueno, parte de esto ocurrió por mi propia mala gestión, pero también se debió a la mala suerte pura y simple». El ejecutivo propenso al fracaso no está equipado emocionalmente para manejar desastres aleatorios con serenidad. Como se aferra a la ilusión de que tiene o debería tener control total sobre los eventos, su tendencia es culparse a sí mismo cuando la mala suerte se presenta y le arrebata todo de las manos. Su reacción es: «Yo fallé».

El matemático Horace Levinson siente que esta reacción causa muchos problemas en el mundo empresarial, ya que su efecto es empeorar la mala suerte. En *Chance, Luck & Statistics* (Azar, suerte y estadísticas), el doctor Levinson postula una situación en la cual un gerente de ventas desarrolla un plan ingenioso para arrebatarle una porción del mercado a un competidor. En la primera prueba del plan, la mala suerte entra en escena y todo sale mal. El gerente de ventas quiere intentarlo de nuevo y argumenta: «El plan fue destruido por eventos azarosos. Esos eventos no tienen probabilidades de ocurrir del mismo modo por segunda vez». Podrían ocurrir de nuevo, y cualquier buen pesimista prepararía defensas contra ellos. Pero otras personas en la compañía no quieren volver a intentarlo. «Mira los hechos», dirían, «El plan fracasó». Así, abandonan una idea potencialmente buena y quizás un buen ejecutivo sale mal parado. Levinson dice:

—Esta historia ilustra un tipo de pensamiento que es muy común en los negocios. Consiste en no tomar en cuenta, ya sea total o parcialmente, los elementos del azar.

Incluso en los asuntos humanos como un todo, si te aferras a una ilusión de control, te vuelves vulnerable a dos tipos de peligro. El primer peligro es que no construirás defensas en contra de un infortunio desconocido que en cualquier momento podría arrebatarte el control de las manos. El segundo es que, cuando la mala suerte ataque, estarás demasiado desmoralizado y reaccionarás de formas que no son útiles.

Los apostadores profesionales son más inteligentes que muchos empresarios en este aspecto. En palabras del Mahigel, el exestafador convertido en profesor universitario:

—El profesional sabe que los resultados de un determinado juego de cartas dependerán en parte de la suerte y en parte de la habilidad. Es muy, muy cuidadoso al tratar de mantener los dos elementos separados en su mente. Acecha a idiotas que, entre sus otros problemas, no los separan. Es típico que el idiota piense que tiene más control del que tiene en realidad.

Si el idiota tiene una racha de buenas manos y amasa una linda pila de fichas junto a su codo, reacciona típicamente de dos formas posibles. Piensa «Vaya, ¡soy inteligente!» o piensa «¡La dama de la suerte está conmigo esta noche! ¡No puedo perder!» Así, desarrolla una ilusión de dominio, una sensación de que los eventos de algún modo están bajo su control.

El estafador al otro lado de la mesa, al observar esto, se alegra. Ahora sabe que el idiota puede ser inducido a apostar grandes cantidades con manos que no valen un centavo. El idiota no está preparado para cuando la suerte del juego cambie. Él cree que su habilidad, la suerte o ambas lo han vuelto invencible. El estafador reforzará esta falacia con comentarios dichos en momentos oportunos: «¡Esa fue una apuesta inteligente!... ¡Viejo, estás enrachado esta noche!». El estafador tiene capital suficiente para soportar bastante tensión, y espera pacientemente hasta que la buena suerte por fin lo favorece. Entonces, ataca. El idiota perderá todo lo que ganó, más todo su capital… más todo lo que pueda pedir prestado, si el estafador lo manipula lo suficiente.

Siempre es un error estar seguro de tener control sobre los eventos. Entre las exposiciones más claras de esta lección se encuentra un libro fascinante aunque poco conocido, que se publicó hace algunos años: *The Loser* (El perdedor), de William S. Hoffman Jr. quien era un apostador compulsivo —en especial le gustaban los caballos— y el libro es un relato de su lenta y larga caída hacia las profundidades de la pobreza, la deuda y la degradación. Es evidente que violó casi todas las reglas del ajuste de la suerte, incluyendo esta última, la que requiere pesimismo. En particular, llevaba en mente una antigua enseñanza de la ética laboral que había escuchado de su padre, un entrenador deportivo famoso. El sermón decía: «Si eres bueno, no necesitas suerte».

Hemos observado antes que algunas lecciones de la ética laboral se refieren al cultivo de la mala suerte. Quizás esta sea la peor. Es tan obvio que se trata de una falacia que uno se pregunta por qué ha sobrevivido por tanto tiempo. No obstante, Hoffman, como muchas otras personas desafortunadas, aparentemente la entretejió con su filosofía general de vida. Él creía que era bueno apostando a los caballos. Quizá lo era. Sin duda tuvo mucha práctica. Pero le tenía tanta fe a su habilidad que menospreció el elemento del azar. Era un elemento mucho más importante de lo que estaba dispuesto a admitir. Fue su ruina.

Nunca ignores la posibilidad de tener mala suerte. Siempre está ahí. Duda de tu propio control sobre los eventos. Prepárate para que se resbalen de entre tus dedos en cualquier momento, en cualquier dirección, con cualquier resultado. Porque Martha Mitchell tenía bastante razón. La vida es tan resbaladiza como un pedazo de jabón.

Hemos visto la Ley de Murphy y la Ley de Mitchell por separado. Ahora, pongámoslas juntas y veamos lo que obtenemos. La Ley de Murphy nos aconseja no depender demasiado de la suerte, ya que las cosas salgan bien es tan probable como que salgan mal. La Ley de Mitchell nos aconseja no depender demasiado de nuestro propio control sobre los eventos, porque ese control es menos bueno de lo que a veces pensamos.

Ambas leyes dicen:

Nunca entres a una situación sin saber lo que harás cuando salga mal.

Ese es el pesimismo de los afortunados. Sin embargo, enterrada entre el pesimismo, hay una particular pieza de optimismo. Pues si bien la mala suerte es capaz de arrebatarte el control de las manos, también lo puede hacer la buena fortuna. Hemos visto esta gratificante posibilidad al estudiar el fenómeno de *audentes fortuna iuvat.* Los audaces están preparados para aferrarse a un pedazo de buena suerte cuando pasa frente a ellos, incluso si eso significa partir en una dirección nueva y no planeada. No intentan controlar sus vidas de forma tan rígida como para ignorar los golpes de suerte que no están en la ruta principal.

Así, se puede decir que las leyes pesimistas de Murphy y de Mitchell tienen este corolario optimista:

Si algo sale bien, no discutas.

O dicho de otro modo:

Cuando la buena suerte te jale en otra dirección, déjate llevar.

Bien podrías hacerlo. La vida es resbaladiza sin importar cómo la manejes. El control perfecto es una ilusión.

Buena suerte.